QUANDO NADA IMPORTA

SÓ O AMOR PODE ILUMINAR OS CORAÇÕES RANCOROSOS

Valéria Lopes

QUANDO NADA
IMPORTA
SÓ O AMOR PODE ILUMINAR OS
CORAÇÕES RANCOROSOS
pelo Espírito Andorra
MADRAS

Editor:
Wagner Veneziani Costa

Produção e Capa:
Equipe Técnica Madras

Revisão:
Maria Cristina Scomparini
Carolina Caires Coelho

Dados Internacionais de Catalogação na Publicação (CIP)
(Câmara Brasileira do Livro, SP, Brasil)

Lopes, Valéria
Quando nada importa / Valéria Lopes. — São Paulo: Madras, 2005.
ISBN 85-370-0017-5
1. Espiritismo 2. Mediunidade 3. Romance
brasileiro I. Título.
05-7789 CDD-133.93
Índices para catálogo sistemático:
1. Romance espírita mediúnico 133.93

MADRAS EDITORA LTDA.
Rua Paulo Gonçalves, 88 — Santana
02403-020 — São Paulo — SP
Caixa Postal 12299 — CEP 02013-970 — SP
Tel.: (0_ _11) 6959.1127 — Fax: (0_ _11) 6959.3090
www.madras.com.br

Índice

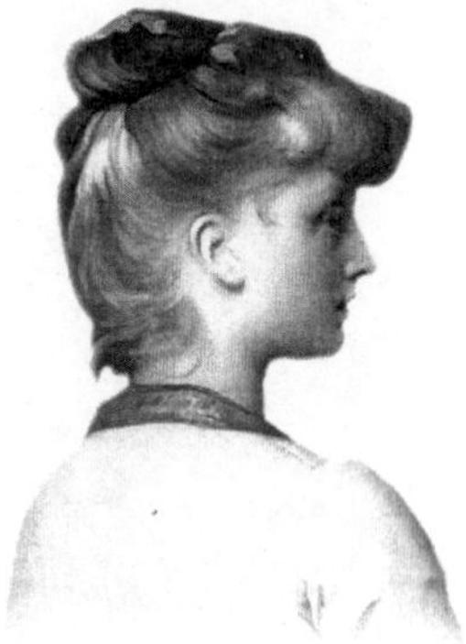

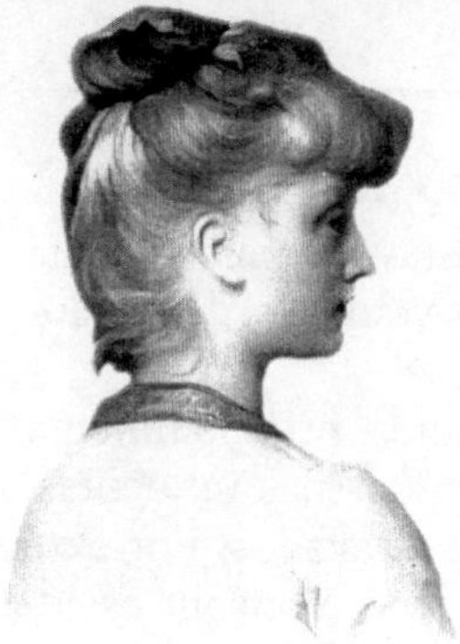

Capítulo I

A ruína

Em algum lugar do passado, em uma época bem distante, aconteceu esta história. Famílias importantes, em condições financeiras precárias, casavam suas filhas por interesse, com uma única finalidade: salvar suas fortunas, em ruínas. Não importando o que suas filhas sentiam ou pensavam, casavam-nas, sem ao menos conhecerem seus futuros maridos, o que somente acontecia no dia do casamento. Lucya seria mais uma dessas moças.

Esta história será sobre a vida dela, de todos de sua família e dos escravos da fazenda de seu pai. Ela, com a pele clara, os cabelos loiros e olhos azuis, traços que denunciavam a descendência européia. Completara 20 anos, morava em uma fazenda de café, com seus pais e mais dois irmãos.

Martha, a irmã mais nova, apesar de jovem e bonita, não conseguia alcançar a beleza de sua irmã, nem o seu porte, pois era muito magra e de estatura pequena. Gustavo, o irmão do meio, era um jovem bastante belo, porém com a personalidade fraca e duvidosa; muito vaidoso, era dominado pelo pai. Como mais velha, Lucya servia de exemplo para os irmãos. Dócil, meiga, sempre pronta para obedecer a seus pais, que chegavam a abusar com suas exigências. Estes eram bastante severos, em todos os sentidos, e seguiam os rigores e a hierarquia da época. Seu pai era quem dava a última palavra; sua mãe acatava suas ordens sem argumentar, abaixando a cabeça, sem o contrariar.

Homem forte e influente, sua fortuna herdada dos pais aumentara com o trabalho e o suor dos negros. Para conseguir seus objetivos, não media esforços, não tendo escrúpulos se fosse necessário.

Seu orgulho era o único varão da família, Gustavo. Apesar de sua forte influência sobre o filho, fazia todas as suas vontades, deixando-o mimado, tornando-o um irresponsável.

Gustavo acompanhava seu pai nos negócios, principalmente nos encontros, que faziam todas as noites com pessoas influentes, em salões de jogos, o que os tornou jogadores viciados. Por esse motivo, dilapidaram o patrimônio da família, fazendo com que os negócios fossem de mal a pior. Começaram a perder verdadeira fortuna na mesa de jogo. A notícia de sua falência já corria de boca em boca. Mas, mesmo assim, continuavam agindo como se nada estivesse acontecendo. Não perdendo a pose, nem a vaidade. Cegos em seu vício, não se davam conta do erro que cometiam em suas vidas e com sua família.

Lucya percebia que algo de errado acontecia. Seu pai andava nervoso e reclamando das despesas que tinha com os escravos, deixando-a surpresa com as novas ordens. A alimentação dos negros passaria a ser dada apenas uma vez por dia, deixando-os a pão e água o restante do dia. Os escravos trabalhavam de sol a sol, na plantação de café; alguns negros já faziam parte da fazenda desde o tempo dos seus avós e encontravam-se cansados e bastante idosos para trabalhar tanto. Lucya, que nutria um carinho especial por eles, não se conformava em vê-los cada vez mais fracos e famintos, sendo tratados com o mesmo rigor que os mais novos, sem a menor consideração.

Naquela noite, durante o jantar, com a mesa farta, Lucya não conseguia comer, imaginando como os negros estariam naquele momento, sem nenhum alimento.

— Pai, desculpe interromper seu jantar. Não consigo parar de pensar nos negros da senzala, eles devem estar famintos. Será que não poderíamos mandar um pouco do que sobrar para eles?

Rodolfo, era esse o seu nome, chamado pelos negros de coronel, olhou para a filha com olhar de reprovação e, num tom austero, respondeu:

— Desde quando as mulheres desta casa acham alguma coisa?

Melena, sua mãe, espantada, olhou para a filha e depressa tentou consertar seu atrevimento.

— Perdoe, senhor meu marido, sua filha não falou por mal. Sabe como ela é, preocupa-se demais com aqueles negros, está precisando é casar-se.

— Agora você falou uma coisa inteligente, até que enfim! Estou providenciando um bom partido. Em breve, terei um candidato.

Lucya, espantada com a conversa, engasgou-se com a água, que tentava engolir.

— Mas só fiz um comentário, estou preocupada, não é preciso arranjar-me um marido só por isso.

— Aí é que você se engana, irmãzinha; papai pensava sobre isso há algum tempo, e vem procurando o marido certo para você.

Gustavo falou com ironia, gostava de imitar seu pai, em seus gestos e atos.

— Não entendo! Por que está irônico com este assunto? Qual o seu interesse?

Rodolfo interrompeu os dois asperamente. Teve receio de que Gustavo deixasse escapar algo acerca da situação financeira em que se encontravam.

— Vamos parar com esta conversa. Quando tiver seu pretendente, será avisada. Acabem de comer.

Fez-se silêncio até o fim do jantar. Martha, que nada dissera, olhava para todos da família, com olhar pensativo e cheio de raiva. Pensou:

"Como gostaria que fosse eu a casar, só assim sairia desta casa."

Todos levantaram, quando Rodolfo anunciou o fim do jantar, dirigindo-se para a sala de estar. Gustavo pegou o baralho, convidando o pai para um jogo. As moças entregaram-se à leitura; liam em voz alta para Melena. Interpretavam a leitura, cada uma um trecho da história. Martha fazia a voz dos personagens, enquanto Lucya narrava os acontecimentos. A noite já se fazia alta, quando o silêncio foi interrompido pelo som dos tambores vindo de longe, suspendendo a leitura.

Lucya, ao escutar aquele som, ficou extasiada. As cantigas e os rumores dos tambores que invadiam os campos e chegavam até a casa grande tinham o poder de enfeitiçá-la. Não conseguiu fazer mais nada, pois perdera completamente sua concentração na leitura. Melena percebia a mudança; às vezes, chegava a pensar que toda preocupação de Lucya com os negros era feitiço.

Não entendia as letras das cantigas, por serem em dialetos africanos, o motivo principal para acreditar que fosse verdade sua suspeita. Observava os lábios de Lucya, que cantarolava num sussurro a melodia, parecendo entender aquele dialeto. Assustada, e preocupada que seu marido percebesse, interrompeu seus devaneios.

— Filha, por que parou de ler? Seu olhar ficou estranho. Não diga que essas músicas mexem com você?

— Eu gosto, minha mãe, acho tão linda, o som dos atabaques acelera meu coração.

Melena colocou a mão na boca da filha, tentando fazê-la calar, Rodolfo poderia escutar.

— Pelo amor que você tem a Deus, se seu pai escuta uma loucura desta, eu não sei o que seria capaz de fazer.

Martha olhou para a mãe, não se conformava; o medo que ela demonstrava o tempo todo por seu marido deixava-a irritada.

— Do que você tem medo, mamãe? Está sempre agindo como covarde, tem medo de falar, até de pensar. Onde está seu orgulho? Lucya acha bonito, não vejo nada demais nisso. Eu particularmente não gosto, fico nervosa. Por que tem tanto medo do papai?

Aguardou pela resposta, que não veio. Melena olhou em seus olhos, envergonhada; reconhecia que sua filha estava certa, mas nem assim teve coragem para responder, abaixou a cabeça. Lucya foi imediatamente em defesa da mãe.

— Pare com isso, Martha! Não vê que está magoando a mamãe?

— Não suporto ver sua obediência, é um exagero. Ele faz o que quer, e ela não diz nada.

— Pare, Martha, mamãe não merece!

— Um dia verá que tenho razão, sofrerá na pele o que estou dizendo. É preciso que mamãe tenha opinião e brigue por ela. O que será de nós? Ele fará o que bem entender, pois não temos ninguém para nos defender.

— Está certa, minha filha, mas fui criada assim, não consigo encarar seu pai e contrariá-lo, mas não esqueça que sou sua mãe e a amo muito. Perdoe-me.

— Chega. Mamãe, vá descansar, não se preocupe, Martha a ama, é apenas rebelde, sempre foi, mas tarde entenderá, é só uma questão de tempo.

Enquanto isso, pai e filho jogavam. Gustavo, contrariado porque perdia, jogou as cartas longe, argumentando.

— Este barulho tira minha concentração. Não sei como permite, acho um sacrilégio deixarmos os negros cultuarem essa religião, se é que podemos chamar isso de religião. Para mim é coisa do demônio, músicas que não entendemos o significado. Sei de fazendas em que os donos proibiram, dizem que é bruxaria.

Rodolfo, fazendo gesto de pouco caso, falou calculadamente:

— Meu filho, enquanto cantam e batucam, esquecem um pouco da fome e, por incrível que pareça, no dia seguinte, trabalham com muito mais vigor. Não sei de onde conseguem tirar energia, é por isso que permito. Enquanto não interferir no ritmo do trabalho da fazenda, não me incomodo.

— Eu não permitiria, mesmo assim, acho tudo muito estranho, coisa do mal. Essa força que eles adquirem com esses cantos pode ser coisa do demônio.

— Bem! Do demônio ou não, quero que trabalhem, até hoje não me prejudicou em nada. Tenho coisas mais importantes para me preocupar. Esqueça, faça de conta que não ouve nada.

As mulheres retiraram-se para o quarto. Melena fechou as janelas, recomendando que as deixassem trancadas e fossem dormir.

Os atabaques rompiam a madrugada. Lucya, deitada, tentava conciliar o sono, porém não conseguia; o som martelava em sua mente, acelerando as batidas do seu coração. Resolveu levantar, abriu a janela para escutar melhor. Atenta, ouvia os chamados que as negras faziam, em voz alta, aclamando por nomes estranhos. A curiosidade tomava conta dos seus pensamentos. Fez-se silêncio, os tambores pararam e uma voz grave de mulher invocou com emoção e palavras estranhas o que mais parecia um nome...

— Ora ieieo, minha mãe. Ora ieieo, mamãe Oxum!

Por várias vezes repetiu aquele nome, até que um lamento, um choro, ouviu-se. Lucya suava frio, um arrepio percorreu-lhe a espinha, sua visão ficou turva, parecia que perderia os sentidos. Apavorada, conseguiu chegar até a cama, deitou-se, tremendo assustada, e começou a rezar.

— Meu Deus, o que estou sentindo? Será que meu irmão tem razão? Será coisa do mal?

Logo o silêncio tomou conta da noite. Exausta, Lucya adormeceu, teve sonhos estranhos, debateu-se agitada. Na manhã seguinte, acordou cedo. Não se ouvia barulho nem movimento dos escravos, deduziu que todos ainda dormiam. Resolveu levantar, indo em direção à cozinha, na esperança de encontrar escravas que trabalhavam na casa. Ao entrar, encontrou-as fazendo café, arrumando a ceia de seus patrões. Elas, vendo sinhazinha entrar naquela hora, assustaram-se; exceto mãe Nonô que, por coincidência ou não, encontrava-se justamente naquela manhã, escondida, é claro, fazendo uma pequena refeição.

A mais velha das escravas, respeitada por todos os negros, era chamada carinhosamente de mãe Nonô; nem ela mesma sabia sua idade certa, entretanto, pela aparência, beirava os cem anos. Continuou sentada, enquanto as outras, nervosas, levantaram-se.

— Fiquem à vontade, continuem seus afazeres, não quero incomodar.

Não estavam acostumadas a ver sinhazinha na cozinha, principalmente tão cedo. Sebastiana, escrava responsável pelo funcionamento da casa grande, perguntou:

— Sinhá, está precisando de alguma coisa? Posso ajudar?

Lucya, sem responder, olhou na direção de Nonô, que brigava com o pedaço de pão, molhando-o no caneco de leite, tentando amaciar para devorá-lo.

— Como vai, Nonô? Há quanto tempo não a vejo, pensei que estava doente.

Sentou-se ao seu lado. Nonô olhou-a com humildade; com voz baixa e rouca, respondeu pausadamente.

— Sinhazinha está uma moça muito bonita. Não trabalho mais na casa já faz tempo, senhorinha ainda era criança.

— Por que Nonô, por que a afastaram da casa grande?

— Uma longa história, Sinhá. Estou bem, fico na senzala, não tenho mais força para trabalhar.

— Mãe Nonô, gostaria de fazer uma pergunta. Diga-me, que cantigas são essas, o que elas dizem?

— Falam de amor e coragem, falam dos nossos deuses, da nossa terra mãe, falam de fé.

Observando mãe Nonô enquanto falava, sua memória retornou no tempo; lembrou-se de que quando criança, por várias vezes, foi testemunha dos maus-tratos que ela sofrera nas mãos do capataz, um homem sem escrúpulos, que odiava os negros. Olhou marcas já cicatrizadas, mas nítidas, que marcavam seu rosto e todo seu corpo, feitas pelo chicote. Aquele olhar de bondade misturado com tristeza, a humildade de sua voz, a marca do seu sofrimento estampada em seu rosto, penalizavam Lucya, deixando-a com lágrimas no olhar. mãe Nonô, lendo seus pensamentos, emocionada com sua bondade, tranqüilizou-a.

— Não, minha flor de formosura, não fique triste, mãe Nonô é feliz, pois acredito em meu Deus e tenho fé, acredito no meu povo, sei que um dia toda essa escravidão vai acabar. Paguei todos os meus pecados; apesar de todo o meu sofrimento, tive um filho que, graças a pai Xangô, não foi tirado de mim, foi criado aqui, ao meu lado, o que não acontece com a maioria das escravas. Isso já foi uma bênção.

— Você tem um filho! Como se chama?

— É conhecido pelo nosso povo por Oxalufam.

— Que nome estranho, Oxalufam! O que quer dizer?

— Que é um negro da bondade, piedoso e caridoso, o homem mandado pelos deuses para ajudar o nosso povo; traz o poder da cura, da sabedoria, é um rei, o rei dos negros.

Lucya tentou entender o que ela queria dizer. Achou bonita a explicação, ficou pensando em como um negro poderia ser rei.

Um barulho se fez no interior da casa. As escravas, entretidas na conversa, assustaram-se e, correndo, começaram a trabalhar. Mãe Nonô alertou Lucya.

—Seus pais já estão de pé, será melhor que não a vejam conversando com uma escrava. Tenho de sair antes que me vejam aqui.

Lucya deu-lhe um suave beijo em sua mão, olhando-a com ternura, quase implorando seu perdão por tanta injustiça. Mãe Nonô alisou com a mão seu rosto, respirou fundo e, com emoção, acrescentou para que todos escutassem.

— É uma boa alma, lamento pelas provações que terá de passar, pobre sinhazinha. Reze bastante, minha menina, vai precisar. Que mamãe Oxum tenha piedade dessa filha.

Durante aquele dia, tudo correu como sempre. Os homens saíram, as mulheres ficaram em casa, na rotineira vida. Rodolfo e Gustavo tratavam dos negócios, brigavam na tentativa de conseguir empréstimo para o plantio do café. Desacreditados, encontravam dificuldades. Todos já tinham conhecimento da atual situação financeira do coronel, não arriscariam fazer nenhum negócio com um viciado, apesar do prestígio de sua família.

Como nada conseguiu, Rodolfo encontrava-se nervoso, precisava do empréstimo para o plantio. Os credores na época da colheita estariam em sua fazenda para receber; se não houvesse café, não haveria dinheiro. O que fazer, então? Só restava hipotecar a fazenda, mas a quem faria a proposta? Durante dois dias, tentou encontrar alguém para negociar sua fazenda. Naquele dia, no final da tarde, conheceu um rico fazendeiro que acabara de chegar do sul; por destino, conseguiu convencê-lo a fazer negócio, dando sua fazenda como garantia.

Frederico era seu nome, estava com 48 anos, viúvo, pai de um belo rapaz. Sua fazenda no sul era de criação de gado, homem bastante rude em suas maneiras. Por ser descendente de família pobre, não tivera uma boa educação, muito menos estudo; e o que lhe faltava em educação, sobrava-lhe em inteligência e astúcia, conseguindo ganhar muito dinheiro nas mesas do jogo. A herança que herdara de seu pai foi como trapacear nas cartas, tornando-se, assim, rico, às custas de homens tolos e viciados. Conhecido em muitas cidades, sua fama corria pelos mais famosos clubes de jogos; temido por alguns, odiado por muitos, que perderam tudo o que tinham, para Frederico.

— Obrigado, senhor, em breve quitarei a dívida, terei a hipoteca de minha fazenda de volta.

— É um prazer ajudá-lo, mas quero que saiba que negócios são negócios, não perdoarei. No prazo de vencer sua dívida, terei de receber, caso contrário tomarei sua fazenda, com tudo que estiver dentro, inclusive os escravos.

— Isso não irá acontecer. Meu filho e eu temos a honra de convidá-lo para jantar em nossa casa hoje à noite. É possível?

— Será um prazer.

— Mandarei meu capataz vir buscá-lo às sete horas.

Todos aguardavam na sala de estar pela visita. Rodolfo estava ansioso, mostraria a fazenda, quem sabe conseguiria se tornar amigo de Frederico; mesmo que não fosse descendente de família importante, era muito rico, e, o mais importante, foi o único que aceitou fazer acordo: hipotecar sua fazenda, sinal de que não estava a par de suas dívidas. Faria qualquer coisa para estreitar essa amizade, que poderia ser-lhe muito útil.

— Mulher! Como está este jantar? Tem que ser o melhor que já organizou.

— Pode ficar tranqüilo, senhor meu marido, está perfeito.

— Pai! — falou Martha. — Quem é este homem tão importante que virá para o jantar?

— Um rico fazendeiro, veio lá das bandas do sul, bastante importante, estamos tratando de negócios.

Martha ficou logo interessada em conhecê-lo. Pelo fato de saber que era de longe, já era o suficiente para interessar-se.

Seu maior sonho era arranjar um marido que a levasse para bem distante. Odiava aquela fazenda, não gostava das pessoas daquele lugar e sentia uma certa repulsa por seu pai. Não sentia admiração por sua mãe, achava-a tola; envergonhava-se por aquele sentimento, mas não conseguia modificá-lo.

Lucya era a única por quem sentia algum carinho e admiração, apesar de sentir ciúme de sua beleza. Seu irmão era um verdadeiro tolo, um perfeito idiota, que fazia questão de imitar Rodolfo, e não o tolerava por isso.

O som do trote de cavalos aproximando-se fez com que todos ficassem alerta para receber a visita tão importante. Rodolfo levantou-se imediatamente para recebê-lo, na entrada.

— Boa noite, caro Frederico. Correu tudo bem?

— Sim, sua carruagem é bastante confortável. Este é meu filho, que acabou de chegar do Sul.

Rodolfo estendeu a mão, cumprimentando-o.

— Um bonito rapaz. Como se chama?

— Diogo, é meu único filho, cuida de todos os meus negócios.

— Bem, vamos entrar, estão todos aguardando na sala.

Foram feitas as apresentações. Martha, assim que colocou os olhos em Diogo, ficou encantada com seu porte, não chegava a ser belo, mas o traço forte do seu rosto fazia com que as mulheres ficassem logo interessadas. Rodolfo procurou Lucya com os olhos; não a encontrando, perguntou contrariado.

— Lucya, onde está?

Melena, assustada, respondeu com voz engasgada:

— Estava aqui agora mesmo, senhor meu marido.

Visivelmente irritado com sua ausência, olhou para a mulher com raiva. Melena pediu licença para ir chamá-la, quando Lucya apareceu, falando suavemente:

— Estou aqui, papai, só fui até a cozinha me certificar de que tudo estava em ordem.

— Esta obrigação é de sua mãe.

Frederico virou-se curioso para ver de quem era aquela voz tão suave, que tanto bem fez aos seus ouvidos. Para sua surpresa, a beleza da jovem era bem maior que a da voz, o que o deixou encantado.

Nunca tinha visto beleza tão perfeita em uma única pessoa. Acostumado com mulheres rústicas, que sempre viveram no campo, e algumas mais sofisticadas, completamente artificiais na beleza, encantou-se com Lucya.

Sua pele, seus olhos, o tom dourado dos seus cabelos que refletiam com a intensidade de uma pepita de ouro. As maçãs do seu rosto, seus lábios corados, fazendo o contraste com a pele clara como a flor do algodão, deixaram-no extasiado com tanta harmonia. Frederico, distraído em seus pensamentos, não percebeu que Lucya estendia a mão para cumprimentá-lo. Seu filho, percebendo o constrangimento que causava à moça com seu olhar, esbarrou em seu braço, na esperança de chamar-lhe a razão.

— Sim! Oh! Desculpe-me, senhorita, estava embevecido com sua beleza.

Lucya corou com o olhar que recebeu de Frederico. Seu pai ficou orgulhoso, pôde perceber quanto sua filha havia chamado a atenção de Frederico e do filho, que também mostrou o quanto ficara impressionado com sua beleza. O jantar correu em perfeita ordem. Ficou evidente que os convidados estavam satisfeitos e haviam gostado da refeição; levantaram-se da mesa e dirigiram-se para a sala de estar.

— Senhora, está de parabéns, em minha terra não se come tão bem, estava realmente saboroso o seu jantar.

— Fico satisfeita que tenha gostado, senhor Frederico.

Martha ofereceu a todos um licor. Rodolfo notou que Frederico não tirava os olhos de Lucya, percebendo também o interesse de Diogo. Ficou confuso: a qual dos dois iria oferecer sua filha?

Lucya sentia-se constrangida com a insistência de Frederico, que não disfarçava seu interesse.

— Senhorita, gostaria de conhecer o jardim da casa. Assim que cheguei, percebi o quanto é bem cuidado.

Lucya ficou nervosa com a proposta, olhou imediatamente para o pai. Esperava que este viesse em seu socorro. Mas sua resposta afirmativa com a cabeça deixou-a sem esperança, teria de acompanhá-lo.

Dirigiram-se à saída, quando sua mãe, por alguns segundos de sua vida, tentou socorrer a filha.

— Gustavo, acho que seria de bom-tom que acompanhasse sua irmã.

Rodolfo lançou-lhe um olhar fulminante, deixando-a bastante confusa. Achava que agia certo; como mãe, tinha que cuidar da reputação de sua filha.

— Não se preocupe, esposa, o sr. Frederico é um cavalheiro. Não viu que dei permissão? Ficaremos aqui conversando. Diogo, gostaria de fazer-nos companhia num jogo?

Foi logo apontando para a mesa, que já se encontrava pronta para a jogatina, como sempre. Diogo olhou para seu pai, que saía em companhia de Lucya, e não gostou do que estava vendo. Aceitou o convite, mas não conseguiu se concentrar, ficava todo tempo olhando pela janela, tentando avistar os dois que passeavam pelo jardim.

Durante o passeio, Lucya falou pouco, deixando-o falar, não gostou de suas maneiras. Percebeu logo por seus modos que não se tratava de um cavalheiro; a insistência na maneira de olhá-la deixava-a desconcertada, achando-se por vezes um objeto sendo admirado na vitrine, exposto para ser vendido.

— Senhor, acho melhor entrarmos, está ficando frio e serenando.

Frederico insistiu para que ficassem mais um pouco, mas Lucya não cedeu e, sem dizer mais nada, foi andando em direção à casa, quando sentiu seu braço ser puxado com força.

— Mas o que está fazendo?

— Apenas não gosto que me dêem as costas enquanto estou falando.

— Pois então largue-me, também não gosto de ser tratada desta forma.

— Cada vez estou gostando mais de você. Tem gênio e isto é muito bom.

— Não entendi, senhor.

— Vai entender, quando chegar a hora.

Lucya ficou muito irritada, nunca fora tratada daquela forma. Puxou seu braço e, quase correndo, entrou, deixando-o sozinho, parado, olhando para aquela mulher que, bela, uma menina ainda, mas atrevida, aguçava sua masculinidade.

"Já estou ficando perdidamente apaixonado por você, menina, será minha, custe o que custar."

Diogo percebeu assim que Lucya entrou, pelo seu olhar, que algo de errado acontecera, mas só ele havia notado que ela se encontrava constrangida.

— Peço licença a todos, mas estou com dor de cabeça, vou para meu quarto.

Olharam para ela, sem notar nenhuma diferença. Diogo então teve certeza, estava contrariada. Levantou-se, foi em sua direção, despediu-se como um verdadeiro cavalheiro. Ao beijar-lhe as mãos, sentiu quanto estavam frias, olhou-a com carinho e falou:

— Estimo sua melhora, senhorita. Foi um prazer conhecê-la.

— Obrigada, senhor, agora com licença, vou deitar-me.

Quando se virou, deu de cara com Frederico que, já atrás dela, com olhar atrevido, desejou-lhe boa noite. Respondendo entre os dentes, saiu rapidamente da sala.

Martha percebeu tudo, pai e filho estavam interessados em sua irmã. Enciumada, e sentindo-se indesejada, pensou:

"Será que todos os homens só têm olhos para ela? Não sou tão feia assim, mas que droga!"

Aproveitando a ausência de sua irmã, tratou de monopolizar Diogo, tentando chamar sua atenção, jogando seu charme para o rapaz, pois entre ele e o pai, com certeza, Diogo seria o melhor. Ele educadamente comportou-se como cavalheiro, atento a tudo que ela falava; mas logo após, Frederico, que perdera o interesse em continuar aquela visita, desculpou-se, alegando que teriam de se retirar, pois os negócios exigiam que levantassem cedo. Elogiou muito o jantar e chamou por Diogo, que mantinha uma conversa animada com Martha.

— Meu filho, despeça-se da senhorita, temos de ir.

Diogo estranhou a saída rápida de seu pai, não era de seu feitio, sempre ficava até altas horas, não dispensaria um bom jogo. Na carruagem, a caminho da cidade, o som dos atabaques se fez ouvir claramente. Frederico, curioso, perguntou ao capataz que os conduzia:

— Que som é este?

— São os malditos negros, não sei como meu patrão permite esta prática de feitiçaria.

— Feitiçaria?

— Sim, senhor, eles trouxeram lá da sua terra, chamam de mãe África.

— Como assim? Explique-se melhor.

— Não sei muito bem, não senhor. Toda vez que tento chegar mais perto, eles param e não me deixam ver o que estão fazendo, acendem uma fogueira enorme, ficam em volta tocando aqueles tambores e cantando músicas, que não se entende, dançam como se tivessem o diabo no corpo, dá até medo, só vendo para crer.

Diogo, que estava atento à conversa e ao mesmo tempo escutava a música que já se fazia bem longe, interrompeu:

— Pois estou até gostando do som, é bastante vibrante, e a música, mesmo sem entender, parece-me bem bonita.

Frederico calou-se, pensativo. Não gostou do que ouviu, um mal-estar tomou conta dos seus sentidos, fazendo-o arrepiar-se com o som dos tambores.

Na manhã seguinte, enquanto faziam o dejejum, no saguão do pequeno e único hotel da cidade, pai e filho conversavam a respeito da noite anterior.

— Meu filho, estou pensando em ficar com a fazenda do coronel Rodolfo.

— Como, papai, não me pareceu que ele queria vender.

— É, acho que não, mas acontece que hipotecou sua fazenda. Está cheio de dívidas, e eu estou em poder desta hipoteca. Portanto, se não saldar sua dívida no prazo determinado, serei dono daquela propriedade, e tudo que pertence a ela.

Diogo, apesar de jovem, conhecia bastante seu pai. Percebeu que havia outro interesse escondido em suas palavras. Ficou preocupado ao lembrar-se da noite anterior, quando viu claramente o interesse por Lucya. Intuindo que, provavelmente, ele teria algum plano na sua cabeça para conseguir seu objetivo, que, com certeza, não era a fazenda.

— Pai, diga-me com sinceridade: qual é o seu interesse por café, se sempre lidou com gado?

Frederico deu um leve sorriso, satisfeito em perceber quanto seu filho o conhecia.

— Conhece-me bem, fico orgulhoso em saber que meu filho também é inteligente, nem seu pai consegue enganá-lo. Percebeu então meu interesse real?

— Mas pai, ela tem idade para ser sua filha.

— Está insinuando que seu pai está velho?

— Não, é claro que ainda está em perfeita forma.

Começaram a rir. Entendiam-se muito bem. Apesar de o filho não concordar com o modo que o pai agia nos negócios, acabava aceitando, respeitando suas decisões. Seu sentimento para com o pai era de amor e respeito, compreendia Frederico, tinha conhecimento de quanto a vida tinha sido dura para ele e quanto sofrera na infância, de maus-tratos nas mãos dos outros, enquanto seu pai vivia ganhando dinheiro no jogo, viajando e deixando-o à mercê da sorte. E por isso, não gostava de criar atrito e aceitava tudo que ele fazia.

Diogo não chegou a conhecer a mãe, que morreu logo que ele nasceu. Desde então, cresceu assistindo seu pai ter várias mulheres, na tentativa de encontrar uma mãe substituta. Frederico cansava-se rapidamente, deixando algumas chorosas, outras frustradas em não conseguir um bom casamento. Acabou criando o filho sozinho, o que os uniu cada vez mais, tornando-os aliados em quase tudo; a única hora em que Diogo não participava era quando seu pai trapaceava no jogo. Ele fazia questão de não participar, pois era uma situação que o incomodava, fazendo-o sentir-se culpado. Naquela mesma noite, nos salões de jogos, Rodolfo e seu filho encontravam-se, como todas as outras noites, prontos para sentar à mesa, quando Frederico chegou.

— Boa noite, senhor Frederico, não sabia que gostava de jogos de salão.

— Ah! Gosto, e como! Precisa conhecer-me melhor, senhor Rodolfo.

— Desculpe se o ofendi, não era esta minha intenção.

— Não, não estou ofendido. Gosto muito de jogo, tenho fama em muitos estados, sou um vitorioso nas cartas.

— É verdade! Gostaria de conhecer sua sorte, será um prazer tê-lo em nossa mesa.

Era tudo que Frederico queria. Desde de que conheceu Lucya, pensava em uma maneira de atingir seu objetivo, não conseguia tirá-la da mente, ela teria de ser sua. Durante toda a madrugada, o jogo correu solto; nas primeiras rodadas, Frederico permitiu que Rodolfo ganhasse, seria o golpe perfeito para que ele acreditasse que aquele era seu dia de sorte, empolgando-o a fazer apostas altas.

Frederico, quando percebeu que chegara o momento de dar o golpe, começou a dobrar as apostas, ganhando tudo que perdera a princípio, deixando assim o velho Rodolfo cada vez mais desesperado, tentando recuperar o que havia perdido. Afundou-se cada vez mais, perdendo tudo, até a hipoteca da fazenda.

Enquanto isso, na fazenda, mãe Nonô teve um aviso, alguma coisa de muito ruim iria acontecer com a fazenda e seus donos. Encontrava-se dormindo, quando foi acordada com o som de uma coruja; levantou-se para ver onde se encontrava, na tentativa de fazê-la parar, pois seu canto era de agouro.

Chegando do lado de fora da senzala, a escuridão tomou conta de sua velha vista cansada, não permitindo que enxergasse nada, somente o clarão que se fez bem à sua frente. A imagem de um índio materializou-se. Mãe Nonô, acostumada a ver e a falar com os espíritos, fez reverência e com respeito perguntou:

— Oh! Oxoce, caboclo das matas virgens, filho de Tupã, diga-me o que quer desta serva, em que posso ajudar?

Ele apontou na direção da casa grande, colocando o dedo nos olhos, alertando-a dos momentos difíceis que estavam para chegar. Mentalmente ordenou à mãe Nonô que avisasse seu povo das torturas e das maldades que o homem branco iria praticar. Mostrando as lágrimas que as mulheres negras iriam derramar pela perda de seus filhos, e que a força do mal tomaria conta daquele lugar. Nonô pede malembe para Oxoce, e este responde apontando sua flecha para a casa grande.

O dia clareava, trazendo a certeza para Rodolfo de que chegara o seu fim.

Completamente falido e arrasado, aterrorizado, perdido e sem saber o que fazer, Rodolfo, de cabeça baixa, com as mãos nervosas, tentando acordar do pesadelo em que se encontrava, chorava arrependido da loucura que cometera, perdendo o restante do seu dinheiro e a hipoteca da fazenda. Sem coragem para encarar seu adversário, muito menos seu filho, que tentava entender como tudo tinha acontecido, sem se dar conta do grande erro que cometera, Frederico, tentando passar falsamente seu pesar, preparava promissórias para que fossem assinadas.

— Lamento muito, mas sabe como é, jogo é jogo, não gostaria de cobrar-lhe mais esta dívida, mas infelizmente terei de fazê-lo. Diga-me como pretende me pagar.

Rodolfo levantou a cabeça, olhou friamente para aquele homem à sua frente, que lhe estendia os documentos para assinar e, com a voz embargada, no desespero, balbuciou:

— Eu não sei, francamente não tenho a menor condição. Eu é que lhe pergunto: o que pretende fazer?

Frederico, satisfeito com sua vitória, conseguiu colocá-lo em suas mãos. Respondeu, friamente:

— Cobrarei cada centavo de sua dívida, tenho certeza de que poderá pagar-me, de alguma maneira.

Rodolfo ficou espantado, curioso, com o que dissera.

— Como, senhor? Como poderei pagar a hipoteca e todo este dinheiro?

— Vamos sentar, tomaremos uma bebida forte, ajudará a refazer-se, então direi o que quero para saldar sua dívida.

Encontravam-se no bar. Gustavo, calado, tonto, tentando compreender o que de fato estava acontecendo. Olhava para o pai, procurando em seu rosto uma centelha de esperança, com a certeza de que ele teria alguma saída, alguma carta escondida na manga da camisa; como sempre fez em sua vida, que modificaria aquela situação. Mas o seu desespero estampado no seu rosto deixava-o sem esperança, nunca vira seu pai naquele estado. Pela primeira vez, sentiu vergonha. Frederico interrompeu seus pensamentos, falando diretamente.

— Bem, vamos ao assunto, tenho conhecimento de suas condições financeiras, sei que não tem mais nenhum bem para se desfazer, perdeu toda a fortuna de sua família; então sei que não tem meios para saldar sua dívida.

— Fale logo, poupe-me, senhor. Diga, o que quer?

— Quero a fazenda e tudo que tem dentro dela, inclusive sua filha Lucya.

Rodolfo arregalou seus olhos incrédulo, não poderia estar falando sério.

— O senhor quer ficar com tudo que é meu e quer minha filha também!

—É isso. Mesmo assim, ainda ficará com o saldo devedor.

Gustavo olhou para o pai, espantado, chocou-se com a maneira com que aquele homem falava com Rodolfo, aguardou por sua resposta, sempre esperando que ele mudasse o jogo.

— E onde eu e minha família vamos viver?

— Pai! Pelo amor de Deus, o que está fazendo?

— Não tenho outra saída, meu filho, perdemos tudo.

— Mas, pai, inverta este jogo.

— Isto não é um jogo, Gustavo, acabou, não me resta mais nenhuma saída, é a realidade, meu filho. Senhor Frederico, poderei dar minha filha como parte da dívida. Como seu futuro sogro, deixe-me a fazenda, prometo que pagarei o restante do dinheiro o mais rápido que puder.

Frederico deu risadas, olhou friamente para Rodolfo.

— Parece-me que não entendeu, coronel. Caia na realidade, como acabou de falar para seu filho, o jogo acabou. Não resta mais nenhuma carta para você, é aceitar a minha proposta ou ir para a cadeia. Considera-me um idiota, para me fazer tal proposta? Julgou-me mal, assim que me conheceu. É você o tolo, o verdadeiro idiota. Pensa que lhe emprestei o dinheiro sem saber quem era, sempre soube de sua situação financeira, da sua fama de viciado.

Rodolfo, humilhado, nunca fora tratado daquela forma, sempre fora respeitado por todos, ninguém em sua cidade teria essa coragem, envergonhava-se em saber que seu filho presenciava toda sua humilhação. Resolvendo acabar logo com tudo aquilo, Frederico fez outra proposta:

— Bem, como sou generoso, comprarei uma pequena casa, aqui na cidade, e deixarei você morar com sua família, isso porque Lucya será minha mulher. Afinal, será meu sogro, não gostaria de ver a família de minha futura esposa na rua, sem ter onde morar. Mas o sustento de vocês ficará sobre sua responsabilidade, terão de trabalhar. Quem sabe, talvez, deixe vocês administrando a fazenda, recebendo um pequeno dinheiro, vou pensar.

Encerrando a conversa, Frederico deixou os dois sozinhos.

Tropeçando nas pernas, coronel Rodolfo pegou seu filho pelos braços, que não encontrava forças para se levantar, saiu do estabelecimento, onde todos olhavam e comentavam, entre ouvidos, a tragédia que acontecera com o grande coronel Rodolfo e sua família. Com uma ponta de orgulho, Rodolfo levava seu filho para casa, onde teriam ainda de enfrentar a família e toda a vergonha que teriam de passar, daqui para a frente em suas vidas. O prazo para deixar a fazenda seria de uma semana, tempo suficiente concedido por Frederico, para arrumar o seu casamento com Lucya e arranjar uma casa na cidade para alojá-los.

Na fazenda, Lucya encontrava-se acordada. Seu coração estava oprimido, não conseguira dormir. Perambulava pelo jardim pensativa, olhando preocupada para o céu, que se encontrava carregado com nuvens pesadas, anunciando um mau presságio. Mãe Nonô caminhava com dificuldade em sua direção; assim que a viu, Lucya foi ao seu encontro.

— Como vai, mãe Nonô, já tomou seu café?

— Ainda não, minha filha, estava indo para a cozinha, quando vi a menina; pareceu-me que carregava o mundo nas costas. Estou errada?

— Não, mãe Nonô. Tive uma noite terrível, meu coração está tão aflito, como se algo de muito ruim fosse acontecer.

— Eu sei, Sinhá, tive o mesmo aviso esta noite.

O som dos cavalos fez com que elas virassem para ver quem chegava.

— É papai e Gustavo, pensei que estivessem dormindo.

Mãe Nonô olhou para os dois e viu claramente a nuvem negra que os cercava.

— Não, estiveram fora a noite toda, estão voltando trazendo má notícia, uma tempestade vai desabar na fazenda. Sinhá, prepare-se, seu futuro será lançado com a tempestade.

Lucya olhou assustada para mãe Nonô, esperando maior explicação, mas ela não pôde dizer mais nada e pediu licença para retirar-se. Ainda preocupada com as palavras de Nonô, virou-se, deparando com o olhar triste de seu pai e os olhos espantados de Gustavo.

— Pai, que cara é esta? Gustavo, o que vocês estão sentindo? Aconteceu alguma coisa muito séria?

— Vamos entrar, minha filha, conversaremos lá dentro. Sua mãe já acordou?

— Não, acho que só eu estou acordada.

Andavam em direção à casa grande. Rodolfo, com sua fisionomia abatida, entrava com a cabeça baixa, quando percebeu o movimento dos negros que arrumavam a mesa do café; levantou-se imediatamente e sem perder a arrogância e prepotência, gritou para a negra.

— Sebastiana!

A negrinha virou-se assustada, conhecia muito bem seu tom de voz.

— Sim, senhor.

— Tire minhas botinas e traga-me a terrina para lavar-me.

— Sim, senhor.

Afastou-se rapidamente, voltando mais rápido ainda, com a terrina de louça branca cheia d'água e a toalha enrolada no braço. Tirou as botinas do seu amo, colocando seus pés de molho. Com movimentos delicados, massageava, sem atrever-se em levantar os olhos. Lucya a continuava olhando para os dois, esperava por uma explicação. Olhou mais uma vez para Rodolfo, agoniada por uma palavra; ele virou-se para o filho, tentando ignorar aquele olhar de súplica.

— Gustavo, tive uma idéia, vai nos ajudar um pouco financeiramente, chame o capataz, que venha imediatamente. Lucya, vá acordar sua mãe e sua irmã.

Os jovens saíram para cumprir as ordens do pai, sem mais nada dizer. Sebastiana tremia, conhecia muito bem seu senhor, quando exigiu a presença do capataz, só poderia ser alguma maldade.

— Sebastiana, quero aquele negrinho seu, vá buscá-lo agora mesmo.

Parada, sem ação, Sebastiana não conseguia dar um passo. Com o coração na mão, pensava.

"O que será que ele vai querer com meu filho? Tem apenas 2 anos, ainda é um bebê."

— Senhor, ele está dormindo.

Foi interrompida bruscamente.

— Vá buscá-lo.

Tremendo dos pés à cabeça, retirou-se, com dificuldade para caminhar, andava lentamente. Sua aflição de mãe estava estampada no rosto. Transtornada, dirigia-se para a senzala, olhou para o céu, implorando aos deuses.

— Senhor! Pai Oxalá, não permita que nada de mal aconteça, não vou suportar.

Gustavo chegava na sala em companhia do capataz.

— Aqui estamos, pai!

Rodolfo estava transformado, com uma fisionomia maléfica; apesar de ser um homem severo, esta transformação em seu rosto não era normal, até seu filho estranhou.

— Tião, já trabalha aqui na fazenda há muitos anos, sempre confiei e pude acreditar em sua lealdade. Fará um serviço urgente com bastante discrição.

— É claro, senhor, pode confiar em mim.

— Pois bem, quero que recolha todas as crianças que temos aqui na fazenda, inclusive as que ainda estão mamando, e leve-as para o mercado negro, agora.

Gustavo não acreditou no que ouvia.

— Não pai, não pode fazer isso!

— Posso sim, não está vendo? É a única maneira de sairmos dessa situação com algum dinheiro, estamos completamente arruinados.

Tião ficou admirado com a conversa, e mais ainda com a ordem que recebera, isso seria um grande transtorno, as escravas não aceitariam facilmente. Como ter discrição numa coisa dessas?

— Patrão, não será nada fácil, vai ser um barulho danado dessas negras.

— Isso é com você, faça o que quiser com elas. Coloque-as no tronco, chicoteie até calarem-se ou então corte suas línguas. Não quero saber, darei uma boa gratificação para você, assim que vender essas crianças.

Sebastiana entrava carregando seu filho nos braços; ao ouvir suas últimas palavras, petrificou, um grito deveria sair de sua boca, mas não conseguia, agarrou seu filho com tanta força, que a criança começou a chorar. Lucya descia as escadas com sua irmã e a mãe, quando ouviu todo aquele alvoroço. Melena fez cara de espanto, quando viu Sebastiana agarrada com seu filho, fazendo força para o capataz não tirá-lo dos seus braços.

— Mas o que está acontecendo aqui? Pare com isso!

— Cale a boca mulher, são ordens minhas.

— Não deixe, senhora, pelo amor a Deus, querem levar meu filho e os filhos de todas as negras da senzala.

Tião deu-lhe um tapa no rosto, fazendo-a calar-se. O sangue começou a correr, quando Lucya puxou seu braço. Tião ficou espantado com sua reação, ia revidar, mas quando viu que se tratava de Lucya, olhou para seu patrão.

— Pare, Lucya, não quero mais nenhuma reclamação, sei o que estou fazendo. Tião, leve esta negra para a senzala, que fique amarrada até segunda ordem.

Sebastiana, inconformada, gritava e esperneava, tentando resgatar seu filho, que se encontrava em poder de Tião. Lucya, horrorizada com a cena, não permitiria aquela monstruosa atitude do seu pai. Olhou para sua mãe, implorando sua interferência, esta não sabia o que dizer nem o que falar, quando Martha retrucou.

— Pelo amor de Deus! Faça alguma coisa, mãe! Não permita que papai faça isto.

Melena foi timidamente perto de Rodolfo e falou:

— Senhor meu marido, por favor, não faça isso, pelo menos o filho de Sebastiana, não o deixe levar.

Rodolfo olhou-a com ódio, como se ela fosse a culpada de tudo. Pegou a bacia em que lavava os pés, varejando-a em cima dela. Foi com tanta violência seu ato que até Gustavo veio em defesa da mãe.

— Definitivamente pai, o senhor enlouqueceu.

Melena chorava de vergonha, suas filhas tentavam consolá-la. Martha olhava para Rodolfo, com ódio. Ele, descontrolado, tentava manter a calma, o que estava sendo difícil. Sob tanta confusão, tomou consciência de sua real situação, ficando completamente fora de si.

— Vamos para outra sala, temos muito que conversar.

A família reunida escutava a narrativa de Rodolfo, que gaguejava de vergonha ao ter de comunicar sua falência, escondendo o fato de ter perdido tudo na mesa de jogo. Quando pensavam que toda tragédia havia terminado, ele acrescentou a proposta que Frederico fez. Lucya, horrorizada, constatou que a previsão de mãe Nonô se confirmava. Fora vendida pelo seu pai, na mesa do jogo, a um homem sem escrúpulos. Não sabia quem era pior, seu pai ou Frederico.

— Pai, como pôde? Vendeu-me na mesa do jogo. Isto é impossível, não poderei me casar com este homem.

— Não tive saída, minha filha, nunca conseguirei dinheiro para pagar minha dívida, não é só a fazenda, é muito mais que isso. Poderei ir para a cadeia, e aí o que seria de sua mãe e sua irmã?

— Tem que haver outra solução, não sou mercadoria para ser vendida desta forma.

— Desculpe, minha irmã, estou envergonhado com esta situação, não gostaria de vê-la casada com Frederico, não tem a menor educação, vê-se logo que não é de boa família.

Lucya, cheia de desdém em sua voz, acrescentou:

— Ora, Gustavo, não sei se ele é pior do que nós.

Martha, cada vez mais horrorizada com sua família, resolveu falar em favor de sua irmã, ou melhor, a seu favor.

— Pai, eu posso ficar no lugar de Lucya, se ele aceitar.

Todos a olharam sem entender o comentário.

— É verdade, gostei de Frederico, apesar de preferir seu filho, mas se ele me aceitar, caso-me com ele.

— Martha, como pode, minha irmã, és mais nova do que eu, por que faria isto com sua vida?

— Por quê? Ora, não será pior que ter de viver ao lado de vocês por mais tempo. O que mais quero é ir embora daqui, ficar longe de todos.

— Minha filha, se pensa que Frederico vai voltar para sua terra depois de casado está enganada, ele pretende ficar aqui na fazenda, seu filho é que voltará.

Decepcionada com o que seu pai acabara de falar, Martha falou imediatamente:

— Sendo assim, minha irmã, não poderei ajudá-la.

— Deixe de ser cínica, Martha, nunca pensou em ajudar Lucya, foi bem clara, não sei a quem puxou — falou Melena.

— Puxa! Até que enfim disse alguma coisa certa mulher, pensei que o gato tivesse comido sua língua.

— Não, é que ainda estou em estado de choque com o que aconteceu e com o que foi dito aqui, é coisa demais para mim; mas o que realmente ainda me espanta é sua decisão em vender as crianças das escravas, pois, na verdade, elas não mais nos pertencem.

— Isso o senhor Frederico não tem como saber, e é o que farei, é a única maneira de conseguirmos algum dinheiro.

— Dinheiro maldito, pense bem nisso.

Foram as últimas palavras de Lucya. Retirou-se, sem saber para onde ir; sua revolta era tanta, que não podia olhar mais para seus pais.

Com os olhos cheios de lágrimas, corria sem destino pela fazenda. Ao passar perto da senzala, ouvia os gritos de desespero das negras que lutavam para que não tirassem seus filhos. Uma carroça repleta de crianças e bebês dirigia-se para a estrada, o choro de crianças misturava-se com os apelos das mães. Lucya gritava por Deus, não suportava ver tanta maldade; mulheres amarradas no tronco chamavam por ela pedindo socorro, não sabia o que fazer, queria fugir para bem longe, tentar esquecer aquela cena, nunca se sentira tão impotente. O olhar de ódio de alguns negros ainda estava nítido em sua memória. Corria, corria para bem longe, onde não pudesse ver e ouvir mais nada.

Cansada e sem fôlego, chegou na beira do rio, onde uma cachoeira não permitia que ouvisse mais nenhum som, só o da queda d'água. Sem pensar, entrou, lutando contra a correnteza, tentava aproximar-se de uma queda, a mais forte, só desejava morrer. Uma mão forte e negra segurou-a, impedindo sua queda. Aborrecida, olhou para o negro que, agarrado ao tronco de uma forte árvore, espichava-se fazendo força para não soltá-la.

— Largue-me, por favor.

— Não, Sinhá, não vai adiantar se matar, não é assim que vai ajudar o meu povo.

Ao ouvir aquela voz tão doce, seu coração acalmou e tornou a olhar para o negro. Forte, alto, seus músculos brilhavam com os raios do sol, refletindo em sua pele; era um negro belo.

"Como um homem daquele porte, tinha uma voz tão suave?"

Não colocou força nem resistência, deixando-se tirar da água.

— Quem é você, qual o seu nome?

— Oxalufam, sou filho de mãe Nonô.

— Nonô falou-me de você, agora me deixe, quero ficar só.

— Sei o que a Sinhá quer, mas garanto, não é o caminho. Tem que ser forte, precisamos de você.

— Nada mais importa, você não sabe de nada, coisas bem piores vão acontecer, não serei mais dona desta fazenda.

— Será Sinhá, de certa forma. Se não estiver viva, com quem vamos contar?

Lucya ficou pensativa, soltou seu braço das mãos do negro e voltou para as margens, sendo acompanhada por ele. Sentou-se em uma pedra, ficou olhando para aquele homem. Sua elegância ao caminhar, seu porte perfeito, chamaram sua atenção. Ficou admirada com tanto músculo. Reforçando sua masculinidade, Oxalufam sentou-se ao seu lado. Ao sentir o calor do seu corpo, Lucya arrepiou-se. Assustada, afastou-se, sentira um desejo, desconhecido para ela. O olhar dele era penetrante, seus olhos cruzavam-se, ela sentiu um calor subindo por suas pernas, tremeu, mal conseguia raciocinar. Oxalufam, sentia-se tomado pelo mesmo calor; o contraste de suas peles refletido nas águas do rio fez com que ele acordasse daquele transe.

— Vamos, Sinhá, volte para a casa grande.

— Está certo, não sei como poderei ajudar seu povo, mas vou pensar em uma maneira.

Sem conseguir desviar aquele olhar profundo, que acelerava as batidas do seu coração, encheu-se de coragem e afastou-se.

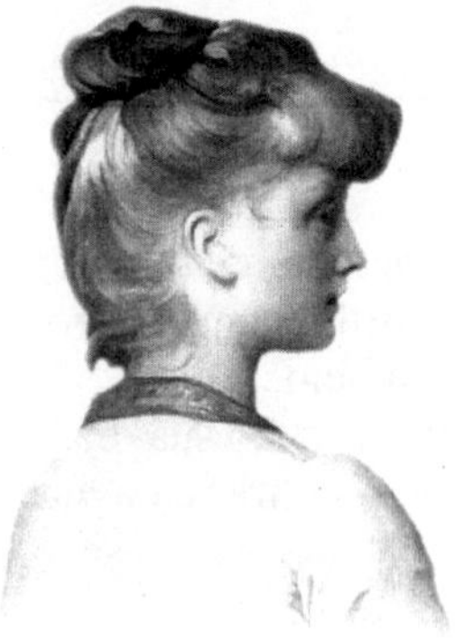

Capítulo II

A triste realidade de cada um

A fazenda não era mais a mesma, nem na senzala nem na casa grande. Lucya tentou de tudo para seu pai voltar atrás, em relação às crianças, mas não conseguiu. Pensou em pedir a Frederico sua ajuda, porém desistiu, ele não poderia descobrir que fora passado para trás. Com a presença de Frederico e Diogo, diariamente na fazenda, Lucya criou um vínculo de amizade com Diogo. Conhecendo-o melhor, percebeu que seria o único que poderia ajudá-la. Achando que ainda teria tempo para salvar as crianças do mercado negro, contou tudo, implorando seu silêncio e sua ajuda.

Ele, por sua vez, apaixonado por ela, mesmo sem ter consciência dos seus sentimentos, não se negaria a ajudar, pois sempre fora um homem bom e justo, prontificando-se imediatamente a auxiliá-la. Juntos foram ao mercado negro, onde provavelmente as crianças estariam sendo vendidas. Decepcionados, era tarde demais, não conseguiram recuperar nenhuma criança escrava, todas já haviam sido vendidas e embarcadas.

A tristeza das negras era evidente, muitas adoeceram, outras apanharam tanto, que não tinham forças e sequer coragem de reclamar, conformando-se com o triste destino de suas vidas. Sebastiana semeou em seu coração um ódio mortal, e seria ela o instrumento de vingança, jurando que todos daquela família pagariam pelo destino do seu filhinho.

Em uma madrugada, saindo da senzala sorrateiramente, Sebastiana invocava, em um altar improvisado, forças do mal. Oferecia sangue de animais que roubava para o deus do mal, um ídolo feito de barro, onde depositou todo seu ódio; fê-lo com as próprias mãos, dando vida àquela imagem, prometendo que nenhuma criança viveria mais naquele lugar. Caso nascesse alguma, seu sangue seria oferecido ao seu novo deus, para que ele tivesse cada vez mais força e pudesse ajudá-la em sua vingança. Retornava do seu ritual, com o olhar cheio de ódio. Ao entrar na senzala, tentando não fazer barulho, uma voz de recriminação interrompeu seus passos.

— Sebastiana! De onde está vindo?

Tentando disfarçar o susto, Sebastiana, olhou para mãe Nonô.

— Mãe Nonô, pensei que estivesse dormindo. Não conseguia dormir, fiquei lá fora, tomando um pouco de ar.

— Minha filha, vejo o ódio estampado em seus olhos, isso não faz bem à alma, procure perdoar, peça ajuda aos orixás, tenha fé, mas não cultive em seu coração a semente do mal, muito menos as forças do mal.

— Mãe, está sendo muito difícil esquecer, sonho com meu filhinho todas as noites, onde ele está? Quem está cuidando dele?

Começou a chorar; deitando sua cabeça no colo de mãe Nonô, pedia sua ajuda.

Oxalufam acordou com a conversa e foi juntar-se a elas. Com muita doçura tentava conformar Sebastiana, mostrando que no momento era preciso ter fé, acreditar que os orixás iriam ajudar de alguma forma, que o ódio não iria ajudá-la, e sim fazê-la sofrer muito mais.

— Sebastiana, quando invocamos as forças do mal, estamos criando um carma muito maior em nossas vidas, mais cedo ou mais tarde elas vêm nos cobrar, e, muitas vezes, o mal que fazemos aos outros, cai justamente em quem mais amamos.

— Oxalufam, a pessoa que mais amo nesta vida foi tirada de mim, nunca mais a verei, portanto não tenho mais nada a perder.

— Seu filho não está morto. Quem pode garantir que um dia ele não voltará? Tenha fé, minha amiga, seu filho está vivo, não cause a morte de ninguém.

Sebastiana ficou pensativa, mas não conseguia perdoar, principalmente Rodolfo e Melena, que sempre souberam a verdade sobre o nascimento do seu filho. A cor morena daquela criança, os olhos rasgados e cabelos lisos, as feições delicadas, nunca fora segredo para eles sua paternidade. Tudo que ela podia pegar de seus patrões, roubava. Resto de comida, fios de cabelo, peças de roupa pequenas, que não dessem por falta, até pedaços de unha. Colecionava pertences para praticar magia negra, não descansaria enquanto não os visse morrer, mas teriam de sofrer lentamente, da mesma forma que sofria com a ausência do seu filho.

Antes do casamento de Lucya, Melena adoecera, o que fez com que Frederico permitisse que ficassem mais algum tempo na fazenda. Rodolfo estava cada vez mais abatido, entregando-se à bebida; guardara o dinheiro da venda dos negrinhos escondido em seu quarto, não contando para ninguém o seu paradeiro. Faltando apenas dois dias para o casamento, Lucya não conseguia se conformar, sentia-se mal só em ouvir Frederico falar; sua voz fazia com que ela estremecesse, sentir suas mãos repugnava-lhe, não tolerava sentir seu hálito quando ele aproximava para beijá-la no rosto.

"Como poderei casar com um homem que me dá nojo, não conseguirei ser sua mulher nunca."

Naquele final de tarde, Lucya estava tão nervosa, que resolveu procurar mãe Nonô; deixou todos na sala e saiu, sem que percebessem sua ausência, Frederico ainda não havia chegado para sua visita diária. Seus pais estavam descansando, seus irmãos e Diogo encontravam-se conversando na sala. Entrando pela senzala, Lucya procurava Nonô; alguns escravos descansavam caídos pelo chão, outros tentavam acender um pequeno fogo para preparar mandioca, que plantavam escondidos do capataz para reforçar suas barrigas famintas.

— Estou aqui, minha Sinhá!

Lucya pôde então ver mãe Nonô, agachada em um pequeno toco de madeira, descascando mandioca. Estava escuro, só a pequena luz da fogueira iluminava toda a senzala.

— Mãe Nonô, preciso muito de sua ajuda.

— O que posso fazer, Sinhá? Sou uma velha escrava, como posso ajudar?

— Escutando-me, não sei mais a quem posso falar, desabafar meu triste destino. Estou apavorada, não quero me casar com aquele homem, sua presença deixa-me transtornada, seu sorriso parece que esconde sua maldade.

— Pobre criança, sei o que está sentindo, mas nada poderei fazer para mudar seu destino, a única coisa que posso fazer é rezar, pedir aos deuses que lhe dêem força. Vou preparar-lhe um banho com ervas, elas ajudarão a menina a ficar mais calma.

— O que será de minha vida ao lado dele?

— Será muito difícil, mas é forte e boa, tem a proteção dos orixás que acompanham você, pediremos sempre para que eles estejam ao seu lado.

— Não entendo o que está dizendo, mãe Nonô, que orixás são esses de quem está falando?

— É muito complicado para a Sinhá entender, nem está preparada; são coisas e crenças do meu povo, da nossa terra mãe. Entidades são forças da natureza que ajudam os homens da terra. Não importa que Sinhá não entenda, rezarei mesmo assim, tenho certeza de que eles vão me ouvir.

— É bom mesmo que eles ouçam, pois precisarei de muita força, não sei se vou resistir.

Nesse exato momento, enquanto falava, sentindo a presença forte de alguém atrás dela, seu corpo arrepiou-se; virando-se imediatamente, pôde ver aquele belo homem negro, com porte atlético, seus braços cruzados, reforçando seus músculos do peito nu, que se mexiam acelerados com sua respiração ofegante. Hipnotizada pelo seu olhar, levantou-se encarando-o; as batidas do seu coração voltaram a acelerar, tentava acalmar-se, não conseguia entender sua reação, mas a presença de Oxalufam deixava-a descontrolada. Mãe Nonô levantou-se bem devagar, mas pôde sentir a energia diferente que emanava dos dois naquele momento. Chamando por eles, tentou tirá-los do silêncio extasiante de suas respirações.

— Lucya, vá para casa, já devem estar sentindo sua falta. Oxalufam, deixe-a passar.

Ele afastou-se, sem dizer nada, mas sem desviar seus olhos dos dela, que tentava controlar suas pernas, que teimavam em não obedecê-la. Mãe Nonô ficou vendo-a se afastar e conseguia ouvir e sentir as batidas do coração do seu filho. Olhando para o céu, clamou por Oxalá.

— Meu pai! Não permita que aconteça o que estou prevendo para o futuro.

— O que foi minha mãe, o que está falando?

— Oxalufam, meu filho, ouça-me com atenção: afaste seus pensamentos de Sinhá, por Oxalá, estou tremendo só em pensar.

Ele sabia que não iria adiantar mentir para Nonô, sabia muito bem que ela percebera o que sentia por Lucya. Tentou acalmá-la.

— Fique tranqüila, sei muito bem qual é meu lugar, tenho bastante consciência, mas ao mesmo tempo não posso mandar em meu coração. É mais forte que minha razão.

— Que Oxalá tenha piedade de nós.

Lucya voltava para a casa grande, seu rosto pegava fogo, sentia aqueles olhos ainda fitando-a. Nervosa com seus sentimentos e bastante confusa, foi direto para seu quarto, não estava em condições de falar com ninguém naquele momento.

A movimentação naquela manhã anunciava que seria um dia especial.

Havia escravos ocupados para todos os lados; na casa grande, as negras limpavam e decoravam toda a residência com flores; as pratas brilhavam, os cristais pareciam novos de tão reluzentes; na cozinha, o cheiro de deliciosos doces exalava; no jardim, um lindo altar era armado, finalizando com um enorme tapete vermelho, que conduziria os noivos até ele. Os escravos que trabalhavam nas plantações estavam fazendo outro serviço, matavam e limpavam os animais que seriam servidos na grande festa daquela noite.

Martha tentava fazer sua irmã aceitar o inevitável, mostrava-se solidária com sua tristeza, mas, na verdade, estava contente, pois a desgraça dela seria sua vitória. Diogo, que agora não saía mais da fazenda, passara a ser um alvo fácil, na tentativa de conquistá-lo.

Coronel Rodolfo e Melena encontravam-se abalados com toda a situação em que se encontravam. Viviam na fazenda por caridade. Com a doença de Melena, Lucya implorou ao noivo que permitisse que seus pais ficassem, até a sua recuperação, que parecia cada vez mais longe para Melena; quase não mais saía da cama, seu abatimento a cada dia aumentava mais. Sebastiana era quem estava sempre a cuidar dela, levando-lhe chás, remédios e seu ódio.

Seu irmão trabalhava duro na fazenda. Frederico não lhe dava descanso, ficava sempre com o capataz, aprendia o serviço agora como empregado, sendo tratado como tal. Rodolfo vivia sendo humilhado e ameaçado pelo seu futuro genro, que não parava de chamá-lo de bêbado, pois já bem cedo, encontrava-se com o copo de bebida, tornando-se um homem fraco e totalmente desacreditado.

Diogo tentava de todas as formas melhorar a situação incômoda da família, mas seu pai, sempre que podia, deixava claro que todos ali, com exceção de Lucya, eram seus empregados, e ele pouco podia fazer para ajudá-los. Na tentativa de amenizar o sofrimento e a humilhação das duas, ele sempre que podia, dava a Martha e a Lucya, toda sua atenção.

As luzes dos candelabros iluminavam a casa grande; tochas clareavam o caminho da porteira até o jardim, dando um ar de mistério; inúmeros convidados chegavam trajados de acordo para a grande ocasião. O vaivém das carruagens misturava-se com os criados que vinham recebê-los, conduzindo-os para onde aconteceria a cerimônia; e lá se encontravam todos à espera da noiva, que nervosa recusava-se a sair do quarto, deixando todos, inclusive o noivo, ansiosos, com a sua demora.

— Vamos, minha filha, precisamos descer, todos devem estar preocupados com a demora.

Desesperada, Lucya olhava-se no espelho, não conseguia enxergar a beleza do seu vestido, como estava linda, a única coisa que via era a tristeza que vinha de sua alma.

— Mãe, estou sem coragem, tenho medo de Frederico, este homem é um estranho para mim, sinto em seu olhar a maldade que vem de sua alma, e sei que o verdadeiro inferno de nossas vidas vai começar com este casamento. De nada vai adiantar meu sacrifício, vamos todos sofrer em suas mãos.

Melena não sabia mais o que dizer para a filha, seu coração de mãe dizia-lhe que ela estava certa, mas o que poderia fazer? Fraca, sem forças e moralmente arrasada, sempre fora dominada por Rodolfo, submissa a tudo que ele ordenava e falava, não passara de uma escrava branca, e toda essa lembrança da sua fraqueza a deixava cada vez mais doente, consumida pelo remorso. Olhou para a filha com tanto pesar no olhar, que Lucya se apiedou de sua mãe.

— Vamos Lucya, não tem mais nada que possamos fazer, aceite seu destino e, se puder, um dia, perdoe-me.

Abraçaram-se, foi o primeiro gesto de carinho que Melena conseguira fazer em sua filha, durante toda sua vida.

— Perdoe-me por tudo que fiz e que deixei de fazer, sempre fui fraca, meus pais fizeram de mim isto que você sempre viu, não fui boa mãe, mas sempre amei vocês, só não sabia como demonstrar todo o carinho que sentia, pois nunca recebi um gesto de ternura. Como poderia dar o que não conhecia?

Casaram-me, sem ao menos perguntar se estava pronta para conhecer um homem, era uma criança quando isso aconteceu. Rodolfo apareceu uma noite em nossa casa, conversou com meu pai e, na semana seguinte, estava no altar.

Lucya, de repente, viu uma outra mulher em sua frente, nunca conseguira entender sua mãe, e agora, com tão poucas palavras, pôde compreender tanta amargura em seu olhar e sua frieza ao tratar os filhos, seus medos e sua insegurança.

— Como sofreu minha mãe, sempre em silêncio, guardando em seu coração a amargura de sua triste vida. Somente me resta agora seguir seu exemplo.

— Não, querida, não faça isso, lute pela sua felicidade, não se entregue da mesma forma que fiz, nunca perca sua personalidade, pois ela a salvará de você. Não morra em vida.

Desfigurada com sua tristeza, só lhe restava cobrir o rosto com o véu e ir ao encontro do seu fadado destino. Amparada pelos braços de seu pai, caminhava em direção ao altar. Afastados dos convidados estavam os escravos, que tiveram permissão para assistir ao casamento de sua Sinhá. Oxalufam, todo de branco, a cabeça coberta com um turbante, olhava para aquela mulher como se fosse uma miragem.

"Jamais meus olhos deslumbraram tanta beleza em uma mortal. Lucya é a própria encarnação de mamãe Oxum, rainha das cachoeiras. Sua beleza e doçura são como se fossem as águas do rio; seus cabelos soltos caem em forma de cascata, lembrando as cachoeiras; a pele alva exala o perfume do lírio dos campos."

Como se sentisse a força e o calor do seu olhar, Lucya procurou-o e, mesmo a distância, pôde sentir sua respiração. Como por um encanto, algo aconteceu, a energia que emanava dos seus olhos acalentou sua alma, dando-lhe força e coragem. Como um milagre, todo o medo que sentia desapareceu e sua insegurança transformou-se em segurança, fazendo com que seus passos a conduzissem para seu destino, caminhando sem vacilar.

De cabeça erguida, ajoelhou-se em frente ao padre. Em nenhum momento olhou para Frederico que, ao seu lado, sentia-se orgulhoso do troféu, conseguido sem o menor escrúpulo. Sem permitir que nenhum pensamento invadisse sua mente, Lucya respondeu sim, quando o padre fez a pergunta, que consumaria o matrimônio.

Diogo assistia à cerimônia com tristeza, tentando conformar-se. Daquele dia em diante, afastaria qualquer pensamento sobre seus sentimentos, ela seria agora sua madrasta, teria que apagar sua paixão, que ardia em seu peito deste do dia em que a conhecera. Distraído em seus pensamentos, sem perceber que Martha se aproximava, assustou-se quando ela murmurou.

— Acabou, Diogo, estão casados.

Espantado, olhou para ela, tentando entender sua observação.

— Meu amigo, conheço seus sentimentos, mas posso garantir que tudo vai passar, e ninguém ficará sabendo, conte comigo.

A festa estava animada. Bebidas e comidas eram servidas com fartura; Rodolfo bebia tudo que podia e o que não mais conseguia. Frederico, sem o mínimo de sensibilidade, tentava fazer Lucya sorrir, com brincadeiras grotescas, deixando-a constrangida; por mais que se esforçasse, não conseguia tratá-lo de outra forma, continuava fazendo cerimônia e respondendo suas brincadeiras com frieza. Irritado e inconformado com aquele procedimento, Frederico bebeu mais do que de costume, pois nunca fora rejeitado por uma mulher, e, logo Lucya, a que mais chamou sua atenção, a ponto de comprá-la, não escondia quanto o repudiava.

A todo momento Lucya procurava com os olhos por Oxalufam, tinha esperança de vê-lo com os outros escravos, servindo aos convidados, mas não conseguia. Após algumas horas, decepcionou-se, com a certeza de que ele não se encontrava mais na festa. O medo começou a tomar conta do seu ser, as horas voavam, e breve estaria sozinha com aquele homem. Sentindo que tudo conspirava contra si, percebeu que alguns convidados já se despediam, restando apenas alguns, que teimavam em não largar o copo, falavam alto e riam sem pudor, das graças que Frederico falava, que a esta altura também se encontrava bêbado.

Diogo, que tudo percebia, tentava fazer com que seu pai parasse, tirou o copo de sua mão, ofereceu-lhe um café bem forte e levou-o para dentro na tentativa de lavar seu rosto, vermelho e suado, de tanta bebida. Apavorada, Lucya olhava a cena deprimente, tremia só de pensar o que a aguardava em sua noite de núpcias. Os últimos convidados já se retiravam, os escravos andavam de um lado para o outro arrumando a bagunça que ficara no jardim e pensavam:

"Nem os negros que passam fome fariam tanta confusão como aqueles brancos ricos."

Lucya procurou por todos da família, naquele momento, e não os encontrou. Precisava de alguém para falar, estava desesperada, a ponto de cometer um desatino. Sem pensar mais em nada, levantou o vestido, que pesava, dificultando-a para correr. Fugiu sem olhar para trás, correu de tudo e de todos. Suas pernas estavam pesadas, puxava o ar dos pulmões, e ele não vinha. Sem fôlego, exausta, com os olhos rasos d'água, lembrou das palavras de Nonô, e rezou, implorou aos orixás de mãe Nonô que a ajudassem. Uma força sobrenatural empurrou Lucya, como se tivesse asas, levando-a para a cachoeira. Hipnotizada pelo som de um só atabaque, que soava em seus ouvidos, como um lamento, Lucya acalmou-se, deixando-se guiar pela magia do som. O caminho iluminado pela lua e as estrelas conduziu-a pela mata, sem que ela percebesse a escuridão que fazia ao seu redor.

Chegando à beira do rio, seus olhos viram a imagem de Oxalufam refletida nas águas, na grande pedra iluminada pelo luar, retirando o turbante envolto em sua cabeça, no compasso do atabaque, reverenciando a senhora dos rios. Percebeu a magia daquele momento e do seu ato. Com voz firme ele clamava por Oxum. Implorava que suas preces fossem ouvidas, invocando sua presença para consolá-lo na sua dor.

— Mãe das águas, do rio e das cachoeiras, Senhora Rainha e Deusa dos orixás, com sua bondade infinita, eu vos imploro, ouça minhas preces. Mãe Oxum, cubra com seu manto sagrado, sua filha Lucya, pois a beleza e a formosura dos seus olhos refletem a sua imagem.

Um lamento se fez ouvir, alto e nítido, perto de Oxalufam, era um canto misturado com um choro, fazendo-o arrepiar-se.

Quando viu a imagem de Lucya, vestida de branco, entrando nas águas, salpicadas pelas estrelas, refletindo uma luz prateada em volta dos seus cabelos, dando-lhe a certeza de que só poderia ser a própria Oxum, clamou bem alto seu nome.

— Obrigado, minha mãe, ouviste minhas preces! Lucya!

Sem ter consciência do transe em que se encontrava, Lucya incorporava Oxum, que banhava seu corpo nas águas, tentando purificá-la, ou melhor, dando-lhe forças para enfrentar seu destino. Embevecido com aquela cena, Oxalufam ajoelhava-se aos seus pés, pedindo perdão, pelo seu amor. Estendendo-lhe os braços, Oxum levantava-o e, com seu lamento, respondeu-lhe:

— Que o amor de Oxalufam por minha filha Oxum seja coroado pelas águas deste rio. Que as lágrimas por mim derramadas possam suavizar seus sofrimentos, para que meu lamento purifique suas almas.

Dizendo isto, Lucya perdeu os sentidos, caindo em seus braços.

Na casa grande, Frederico procurava por Lucya, logo após ter se recuperado da bebedeira.

— Onde se encontra, Lucya? Precisamos viajar, está se trocando?

Martha foi até o quarto, não a encontrou, perguntou aos escravos, mas não souberam dizer. Seus pais já haviam se recolhido aos aposentos. Nervosa com o sumiço da irmã, ficou sem saber o que dizer para Frederico.

— Está pálida, mulher, o que aconteceu?

— Não sei dizer, mas não a encontro em lugar algum.

— Como assim?

Martha sacudiu os ombros e a cabeça negativamente. Diogo percebeu o descontrole do pai, tentou acalmá-lo. Frederico, irritado, mandou chamar pelo capataz, alguém teria de saber do seu paradeiro. Tião imediatamente compareceu na sua presença e recebeu ordens de só voltar quando a encontrasse. As ordens foram as mais severas, que usasse de violência se necessário, que indagasse a cada um dos escravos. Seria inadmissível que nenhum tivesse visto Lucya, e que todos saíssem à sua procura.

Ninguém sabia dizer de Lucya. Após algumas horas, cansados de procurar pelas redondezas da fazenda, comunicaram ao capataz que nem sombra da Sinhá eles viram. Frederico, revoltado, resolveu ir ele mesmo à sua procura, juntou alguns homens e, com Diogo, afastaram-se mais das redondezas da fazenda. Embrenhados pelo caminho que levava até as cachoeiras, na escuridão, viram um vulto. Graças ao luar, conseguiram distinguir um negro carregando Lucya em seus braços. Ainda desmaiada, e completamente molhada pelas águas, ao longe dava um aspecto de que estava morta.

O espanto fora geral. Frederico foi tomado pelo ódio, tremia de raiva, não estava preocupado em saber o que havia acontecido, nem qual seu estado, mas o simples fato de vê-la nos braços daquele negro deixou-o descontrolado. Gritou pulando da montaria, atirando-se contra Oxalufam.

— O que pensa que está fazendo, negro?

Diogo tão rápido quanto o pai, adiantou-se, impedindo que ele agredisse o negro, sem dar chance dele falar.

— Calma, pai, não vês que algo deve ter acontecido com Lucya?

Dizendo isso, Diogo correu ao encontro de Oxalufam, tirando-a dos seus braços, pedindo explicação.

— O que aconteceu?

— Encontrei-a nas margens do rio, acho que se assustou com minha presença, perdeu os sentidos.

— O que ela foi fazer lá?

— Isso não sei explicar ao senhor.

Frederico olhava-o com ódio. A desconfiança e a antipatia naquele momento brotaram de dentro de sua alma, jamais iria aceitar aquele negro, o ódio gratuito estava instalado em suas almas, pois o sentimento de Oxalufam fora recíproco.

— Quem é você, negro?

— Meu nome é Oxalufam, sou filho de Nonô, estava no rio...

Foi interrompido bruscamente.

— Não lhe perguntei mais nada, foi bastante atrevido, deveria ter vindo nos avisar, jamais poderia pegá-la em seus braços.

Seus olhos cruzaram-se. Havia desafio em seus olhares. Frederico sentiu um ciúme inexplicável, pois era um negro, nada tinha a temer, mas mesmo assim continuava a sentir ciúme. Aqueles dois jamais conseguiriam se entender, corria em suas veias o sangue da rivalidade, suas almas pressentiram dívidas passadas. Oxalufam levaria desvantagem certamente, sofreria na pele sua condição de escravo.

— Tião! Leve este negro atrevido e coloque-o no tronco, talvez umas cinqüenta chibatadas façam-no entender que é um negro sujo e aprenda a nunca colocar suas mão sujas em uma mulher branca.

— Pai, talvez não seja necessário esta medida, vamos levar Lucya e ver o que tem a dizer, assim que acordar.

— Meu filho, com negros não devemos ter complacência, é assim que devem ser tratados.

Oxalufam nunca experimentara o sentimento de raiva, e por mais que fosse tolerante, aquele homem era por demais arrogante, preconceituoso. Aprendera a perdoar os brancos por sua maldade com os negros, mas agora era diferente, pois o amor que sentia por Lucya era mais forte que qualquer outro sentimento; seria difícil perdoar Frederico.

Todos aguardavam o retorno dos homens na casa grande trazendo notícias, quando Diogo entrou trazendo-a nos braços. Frederico tirou-a dos seus braços, sentiu-se incomodado ao vê-lo carregando-a. Sem ter consciência nem procurar entender o que sentia por aquela mulher, encontrava-se de mau humor. Até o carinho que os escravos demonstravam por ela o incomodava; a preocupação do seu filho em vê-la naquele estado irritava-o; quando veio a lembrança do negro carregando-a com afeto em seus braços, ficou cheio de ódio, nunca mais esqueceria aquela cena.

Martha logo procurou ajudar, ajeitando uma cadeira para que colocassem Lucya.

— O que aconteceu, onde a encontraram?

Diogo respondeu suas perguntas e mandou-a providenciar ajuda. Foi o que fez, chamou por Sebastiana, que veio imediatamente com chá e ervas para despertá-la. Logo após, ainda meio aturdida, Lucya despertou.

— O que aconteceu? Estou sentindo-me tonta e sem forças.

— Eu é que pergunto, o que fazia na redondeza das cachoeiras, sozinha e no meio da noite, logo após nosso casamento?

— Está toda molhada, minha irmã, diga o que aconteceu?

Ainda tonta e sem forças para falar, Lucya tentava colocar suas idéias no lugar, tentando lembrar de tudo, mas não conseguia. Diogo, percebendo sua perturbação, procurou tirá-la da situação em que se encontrava.

— Depois falará, mas agora é melhor subir e tirar esta roupa, está molhada e poderá ficar doente.

Mais uma vez Frederico ficou irritado. Diogo, sempre delicado e compreensivo, conseguia fazer Lucya olhá-lo, com carinho. Ele não estava gostando do que via, seu ciúme aumentou em relação ao filho.

— Eu é que sou o marido, esqueceu filho? Está tomando a frente.

— Desculpe meu pai, não é esta minha intenção.

Arrependido de ter falado com o filho daquela forma, desculpou-se, alegando nervosismo. Teriam de correr, caso contrário perderiam o trem a vapor, que sairia dentro de uma hora. Pediu a Martha que acompanhasse sua irmã para ajudá-la a preparar-se, e que fosse rápida. Com todo o corre-corre e a confusão, Frederico esqueceu de Oxalufam, que àquela altura se encontrava no tronco.

Tião, que há muito esperava por uma oportunidade como esta, não perdeu tempo. Preparava-se para obedecer as ordens do novo patrão, com entusiasmo e sorriso de satisfação nos lábios. Por ele ser filho de Nonô, Tião e os capangas mantinham uma certa distância, respeitando sua condição de liderança entre os negros, e temiam sua força espiritual, pois conheciam seus poderes na religião africana.

Apesar dos apelos de mãe Nonô, Tião não teve piedade. As marcas em seu lombo eram profundas; se Oxalufam não fosse um negro forte como era, talvez não resistisse a tantas chibatadas. Quando os braços do capataz cansavam de bater, pedia ajuda aos outros homens que assistiam com a mesma satisfação no olhar. Bateram tanto, que perderam as contas, só parando quando Oxalufam perdeu os sentidos.

Depois de ser retirado das amarras que o prendiam ao tronco, foi levado para a senzala e amarrado em correntes. Mãe Nonô tentava aliviá-lo com ervas e poções, mas as feridas estavam bastante profundas; levaria muito tempo para que ele se recuperasse.

— Meu filho, por quê? O que fez para merecer este castigo.

Já refeito, podendo falar, contou para Nonô o que acontecera. Sabia que de nada adiantava esconder, ela saberia mesmo, era só uma questão de tempo, que achou melhor falar a verdade.

— Já pedi a você, esqueça Sinhá, pelo amor a Oxalá, não vê que esse sentimento será sua morte? Fui avisada de que uma desgraça cairia na fazenda. Afaste-se de Sinhá, não vê que é impossível esse amor?

— É mais forte do que eu. Pensa que não sei que é loucura?

— Destino cruel o de vocês, terá que ser forte, meu filho, para seu bem e o dela, e do nosso povo.

— Reze, minha mãe, peça aos nossos deuses, eles precisam me ajudar a esquecer, não quero que nada de mal aconteça com Lucya.

O céu estava claro naquele final de madrugada; o mar, calmo e sereno. A tranqüilidade das águas fazia com que o vapor navegasse suavemente. Em uma pequena vigia, podia-se ver que as luzes do candelabro da luxuosa cabine encontravam-se acesa.

Com olhar triste e frustado, procurando segurar o choro de decepção que vinha do fundo de sua alma, Lucya tentava esquecer aquela noite em que seus sonhos de mulher foram destruídos por um homem que a possuíra, sem carinho e sem amor. Imagens vinham em sua lembrança, fazendo-a arrepiar, músculos fortes, cor negra e mãos suaves pegando-a nos braços. Oxalufam continuava em suas recordações, despertando em seu corpo um calor, que nunca sentira; lutava para esquecer isso também. Olhou para o homem deitado ao seu lado e horrorizou-se: um estranho, rude, sem educação e tirano, era tudo que sabia sobre ele.

"O que será de minha vida ao seu lado? Como suportarei sentir essas mãos tocando-me de novo? Meu Deus! Perdoe-me, sei que tenho de seguir meu destino, e se ele é este homem, que seja feita a sua vontade. Ajude-me a que eu me conforme."

Enquanto isso, na fazenda, a vida seguia seu ritmo normal. Diogo permanecia lá, até que seu pai voltasse da viagem de núpcias; seu plano era voltar para o sul, não suportaria viver ali tão perto, amando Lucya; teria que se afastar, seria melhor para todos. Martha tornara-se uma amiga inseparável, mantinham confidências, o vínculo estava cada vez mais forte entre os dois.

Enquanto Rodolfo não parava de lamentar e entregar-se à bebida, Gustavo passou a ser o braço direito do capataz. Mudou muito com tudo que aconteceu na família, nunca mais foi ao salão de jogos, e a duras penas, aprendia a dar valor ao dinheiro; passou a economizar tudo que ganhava com seu trabalho, não suportava mais tanta humilhação, sendo cobrado sempre por sua consciência a irresponsável vida que levara.

Melena piorava de saúde a cada dia; o médico não conseguia encontrar a causa de sua piora, mas era evidente que, se continuasse a emagrecer como vinha acontecendo, não resistiria por muito tempo, pois sua anemia estava galopante.

Sebastiana cultivava seu ódio, regando-o todos os dias ao colocar no chá de Melena veneno feito com ervas daninhas, invocando as forças do mal, dando-lhe oferendas com o sangue de animais. Sonhava com seu filho, e a cada sonho jurava vingança. Melena seria a primeira, depois seria a vez de Rodolfo, pois este teria que sofrer lentamente, até pagar por todos os seus erros. Nunca o perdoaria. Eram seus pensamentos enquanto o observava bebendo, até não agüentar mais, e tramava como seria sua vingança. Às vezes se perguntava:

"Será que ele tinha consciência de que o negrinho era seu filho?"

Provavelmente tinha. Melena, por várias vezes, insinuou que o menino parecia com filho de branco, deixando claro sua suspeita. Todos o chamavam de Neco, era esse seu nome ou apelido, não tinha registro, o único documento daquela criança era sua escravidão, ou seja, propriedade da fazenda. Rodolfo nunca permitiu que as escravas levassem seus filhos para a casa grande. Sebastiana tinha permissão de Melena, enquanto ele estivesse fora. Deixava que Tuca brincasse na cozinha, e foi assim que viu crescer sua desconfiança na paternidade de Tuca.

Na senzala, os escravos encontraram um pouco de paz, com a ausência de Frederico e a bebedeira de Rodolfo. Por um bom período, ninguém mais os atormentava. Até Tião, que contribuía para acabar com a paz deles, não conseguia, pois todos seus argumentos eram derrubados por Diogo, que não permitia mais maus-tratos.

Oxalufam trabalhava na plantação de café, dia e noite sem parar. Por mais que sua mãe pedisse que descansasse um pouco, ele não parava. Procurando desesperadamente um alento para seu coração, mantinha suas mãos e seu cérebro ocupados, para não pensar e, assim, amenizar a saudade que sentia de Lucya. Ficava horas sentado nas pedras da cachoeira, e na paz do silêncio da noite, sonhava com ela. Imaginava que estava ao seu lado, e chegava a ver seu rosto e sentir seu cheiro. Lutava contra o cansaço do dia de trabalho para não adormecer, pois a força dos seus pensamentos faziam-no sonhar acordado por um amor proibido.

Diogo não proibira os escravos de fazerem suas reuniões semanais, desde que não atrapalhasse seus trabalhos, o que deixava Tião mais irritado, pois sentia medo, não gostava de ouvir seus cantos nem os atabaques.

Oxalufam agarrava-se em sua fé, pedindo aos deuses que protegessem Lucya; e fizessem com que ele arrancasse a dor da saudade de seu peito. Mas todas as rezas eram em vão, não conseguia tirá-la dos seus pensamentos; por várias vezes, enquanto trabalhava no campo, como uma miragem pelo calor que o sol fazia, via sua imagem refletida nos cafezais; quando deitava ao relento, via sua imagem refletida nas estrelas. Desesperado, corria para a cachoeiras; quando lá chegava, as águas cristalinas em gotas choravam escrevendo seu nome. Tudo era loucura, exceto seu amor, que crescia em sua alma descontroladamente. Imaginava, se ela soubesse dos seus sentimentos, qual seria sua reação. Jamais passaria por sua cabeça que seu amor poderia ser correspondido.

Três longos meses se passaram. Frederico e a esposa encontravam-se viajando pela Europa. Melena estava à beira da morte; preocupada, Martha pediu a Diogo que mandasse notícias sobre seu estado de saúde para Lucya, que talvez não chegasse a tempo de ver sua mãe com vida. Quando chegou em suas mãos, a carta de Diogo, Melena não mais vivia; sem saber, implorou ao marido que voltassem; ele, por sua vez, não estava gostando da idéia, pois sua intenção era voltar quando sentisse que sua mulher o amava. Tentativa inútil até aquela altura, uma vez que Lucya não conseguia olhar para aquele homem e sentir carinho algum, muito menos amor. Continuava fria e cerimoniosa, não permitia nenhuma intimidade, que não fosse a imposta por ele para satisfazer suas necessidades.

Para Frederico restava a esperança de que ela engravidasse e, por este motivo, não a deixava em paz. Todas as noites, ele a procurava, fazendo-a sentir-se um objeto do desejo do marido, aumentando assim o seu asco ao sentir os carinhos, rudes e grosseiros. Naquela noite, logo após mais uma tentativa de engravidá-la, Frederico, frustrado, por não conseguir despertar nenhum desejo, falou contrariado.

— Voltaremos amanhã para a fazenda; espero que fazendo sua vontade melhore esta cara, não agüento mais, vive sempre com este olhar infeliz.

Aquela notícia abriu-lhe um sorriso tímido nos lábios. Pela primeira vez desde que casou, conseguiu ver em seus olhos um brilho de felicidade.

Diogo aguardava o regresso do pai; recebera a carta em que ele notificava seu retorno, breve. Participou a Martha sua decisão: assim que chegassem, partiria para a fazenda do sul, onde sempre cuidara da criação de gado, alegando que seria mais fácil aceitar o casamento, e que a distância seria o melhor remédio.

Martha ficou triste com sua decisão. Não suportaria viver mais ali, sem a companhia de Diogo, pois nunca gostara daquelas terras. Agora que sua mãe falecera, não havia mais motivo para continuar morando na fazenda, principalmente se sentindo uma intrusa e completamente só.

Seu pai, que nem de longe era mais o mesmo, tornara-se um bêbado. Passava a maior parte do tempo jogado pelos cantos, com uma garrafa de vinho na mão. Seu irmão, que economizara algum dinheiro, envergonhado com sua atual situação e de toda a família, decepcionado com seu pai, aprendeu a duras penas a tornar-se um homem de verdade. Partiu para terras desconhecidas, onde tentaria mudar sua vida, deixando a todos sem saber do seu paradeiro.

Sebastiana cada vez mais se deixava tomar pelo ódio e o desejo de vingança. A morte de Melena não a deixara com remorsos, pelo contrário, cada vez mais nutria ódio por todos da família, planejava sua vingança para Rodolfo: seu estado lastimável, sua decadência, a humilhação constante que sentia não eram suficientes para ela, desejava ver sua morte, e teria de ser lenta. Aproveitaria sua fraqueza e colocaria em prática sua maldade para acabar de destruí-lo.

Enquanto isso, Martha, inconformada com a decisão de Diogo, tentava convencê-lo de não partir sem levá-la, e para isto usava de todas as maneiras e meios.

— Por favor, Diogo, leve-me com você, farei qualquer coisa, mas não posso ficar aqui!

— Minha querida, não posso, o que vão dizer seu pai e sua irmã? Eles não permitiriam, sou um homem solteiro e você é uma donzela.

— Case-se comigo, saberei respeitar seus sentimentos, serei uma boa esposa, sem dizer que sempre gostei muito de você. Não será difícil viver ao seu lado.

Diogo ficou pensativo, talvez fosse a melhor solução para seu problema, não deixaria que ninguém percebesse seu amor por Lucya, principalmente sendo casado com sua irmã; mas ao mesmo tempo, pensava que não seria justo para Martha, ele não a amava, estaria usando-a, e ela não merecia.

— Sou-lhe grato, mas não seria justo com você; é uma mulher bela e jovem, merece casar-se com alguém que a ame de verdade.

— Por favor, prometa que vai pensar melhor, não diga nada agora, pense, seu pai ainda não chegou, até lá terá tempo para decidir.

— Está certo, agora fique calma, não partirei sem antes falar com você.

Alguns dias depois, no final da tarde, o som de trote anunciava que uma carruagem se aproximava da casa grande. As negras corriam anunciando que os amos acabavam de chegar; em fila elas aguardavam na entrada. Diogo e Martha correram, chegando a tempo de abrir a portinhola da carruagem. Frederico foi o primeiro a sair, estendendo a mão para Lucya, que desceu logo após.

— Minha irmã, que saudade! Está mais bela que antes, o casamento fez-lhe muito bem.

Lucya olhou em direção aos escravos, sem dar atenção às palavras de Martha, seus olhos procuravam ansiosamente por Oxalufam. Decepcionada, tentou não demonstrar.

— Como está, Martha? E você, Diogo, que saudade! É bom estar de volta.

Diogo ficou emocionado ao ver quanto Lucya estava linda. Seu olhar de menina dera lugar a um olhar maduro e misterioso. Tentou não transparecer em sua voz, a saudade que transbordava em seu peito.

— Que bom que vocês voltaram, estávamos com saudades também!

Entraram felizes. Naquele momento, esqueceram suas tristezas e frustrações. Lucya comunicava aos dois que trouxera muitos presentes, pedindo aos escravos que fossem pegar o baú, o mais pesado, que ainda estava na carruagem. Parou de repente, quando avistou seu pai. Ele estava sentado no canto da pequena saleta de entrada, agachado, com a barba malfeita, a roupa desgrenhada, o cabelo despenteado, aparentando estar doente e cansado. Tomou-se de piedade, apesar de não o ter perdoado. Culpava-o por tudo que aconteceu, principalmente com a morte de sua mãe.

— Pai! O que aconteceu? Não pode ficar desta maneira, tem que reagir.

Sem responder, lançou-lhe um olhar indecifrável, deixando-a sem ação.

Martha retornava com Diogo, trazendo o baú, aflita para ver seus presentes, e não percebeu o mal-estar que pairava entre os dois naquele momento.

— Venha, Lucya, vamos abri-lo, estou o louca para ver as novidades.

Frederico deixou-as. Pegando Diogo pelo braço, afastou-se para o escritório. Tinham muito que conversar, depois do seu longo afastamento dos negócios; precisava saber tudo o que aconteceu em sua ausência.

Diogo colocou-o primeiro a par das notícias da família. Falou da morte de Melena; do irmão de Lucya, que partira sem destino; do estado lastimável de Rodolfo, que vivia bêbado pelos cantos da casa; da sua intenção de partir, levando Martha. Depois contou sobre a fazenda e os escravos e não esqueceu de mencionar o lucro que tiveram na colheita, elogiando o trabalho escravo dos negros, acrescentado quanto foram incansáveis.

Por este motivo, permitiu que eles continuassem a praticar suas reuniões, mesmo contra a vontade do capataz, aproveitando para alertar suas desconfianças, falando de sua antipatia e da desconfiança do seu caráter. Conversaram durante muito tempo, esquecendo tudo, como nos tempos em que eram somente os dois, pai e filho.

— Meu filho, você disse que pretende voltar para a fazenda de gado e quer levar Martha. Mas, como assim?

— Bem, ainda estou pensando, não comente nada por enquanto, mas pretendo casar-me.

— Fico feliz, apesar de achar Martha uma mulher sem sal, embora seja inteligente. Porém isso não importa. Nada importa, se levarmos em consideração, casei-me com Lucya, a mulher mais linda que conheci, no entanto a mais fria, a mais calada e a mais insossa de todas.

Diogo não ficou à vontade ao ouvir sua confissão, sentiu-se mal, tentou interromper a conversa, mas Frederico continuou.

— Não sei o que acontece com ela, fiz de tudo para agradá-la, mas nada a satisfaz. Vive com o olhar distante, quase não fala, só responde o que lhe é perguntado. Mas veja sua alegria agora! Parece outra, bastou voltar. Vejo vida em seu rosto, seus olhos voltaram a brilhar, preciso entender o motivo de tanta mudança.

— Bobagem, pai, está se preocupando à toa, todas reagem assim quando se casam, não estão acostumadas a ficar longe de seus familiares, levam algum tempo para se acostumar com a nova vida.

— Espero que tenha razão, devo estar imaginando coisas, vamos ver se isso é mesmo verdade.

Foram interrompidos por Sebastiana, que toda dengosa anunciava que o jantar seria servido, passando por Frederico, cheia de trejeitos no andar. Era uma negrinha jeitosa, bem-feita de corpo, não muito jovem, mas uma negra atraente. Sem dúvida, estava com más intenções, deixando claro que se agradara do novo amo. Frederico percebeu seu rebolado provocante e, por alguns segundos, sentiu-se atraído.

— Já vamos. Como é mesmo seu nome, escrava?

— Sebastiana, senhor. Estou sempre pronta para servi-lo.

Todos aguardavam por Rodolfo, que não aparecia. Lucya insistia em sua presença, reforçando para que Sebastiana fosse chamá-lo. Frederico, irritado com sua demora e impaciente em ver o quanto Lucya estava preocupada com aquele pai que não merecia, ficou indignado. Fazia tudo por ela, e nunca mostrou nenhuma preocupação, muito menos carinho. Nesse exato momento Rodolfo apareceu, trajava-se da mesma forma, dando a impressão de que não via banho há muito tempo. Frederico levantou-se, apontando para a saída.

— Não pense que vai sentar em nossa companhia desta forma. Saia, imediatamente! Quando tomar vergonha, permitirei que faça parte desta família.

— Por favor, Frederico, não fale assim com meu pai.

Lucya, sentiu-se humilhada por seu pai, que não esboçara nenhuma revolta, como se nada ouvisse. Sua feição continuava a mesma, sem demonstrar nenhuma emoção.

— Falo da maneira que desejar. Quem é você para mandar-me calar?

Diogo, que também não concordava com a maneira de seu pai falar com Rodolfo, interferiu.

— Por favor, meu pai, ouça sua esposa.

Frederico ficou irado, nervoso e até mesmo revoltado. Seu filho nunca se voltou contra ele, mesmo que não gostasse, sempre aguardou pelo momento certo para expor sua insatisfação, mas nunca o fez na presença de outros. Deu um soco na mesa, na qual os talheres e as louças pularam fazendo um grande estrondo, deixando todos sem ação e as mulheres assustadas.

— O que está acontecendo aqui? Será que falo em outra língua, em estrangeiro? Quem manda nesta casa e em tudo que está dentro dela, sou eu. Diogo, não estou entendendo você!

Lucya percebeu que Diogo iria retrucar com o pai, e imediatamente adiantou-se, tentando não provocar mais discussão entre eles.

— Não somos objetos desta casa, esqueceu-se? Sou sua esposa, também tenho direitos e não admito que fale assim com meu pai.

Frederico ficou roxo, seu sangue subiu para o rosto; fechando a mão em punhos, soltou em sua direção. Lucya encolheu-se na cadeira, pois teve certeza de que a mão dele viria certeira em sua face.

Diogo segurou seu braço, impedindo sua violência e covardia.

— Não, pai! Não permitirei que faça isso, nunca bateu em mulher. Não fará isso com sua esposa. Não na minha frente!

Sebastiana, que assistia a toda cena regozijava-se de tanta satisfação. Sua intuição estava correta, Frederico seria seu maior aliado, era só conquistar sua confiança, semear a desconfiança, despertando seu ciúme, que faria a vida de todos um inferno, da mesma forma que a sua se tornara, quando levaram seu pequeno Tuca.

Cheio de ódio, olhou para Lucya. Com a voz embargada, apontou para Rodolfo.

— Foi vendida por este homem, na mesa do jogo, você e toda a fortuna desta família, portanto é minha propriedade, da mesma forma que a fazenda e tudo que pertence a ela.

Horrorizada com a revelação, olhou para o pai, com os olhos rasos d'água.

— Perdeu tudo no jogo! Pai, fui parte da dívida do jogo?

Envergonhado, acabrunhado, sem ter o que dizer, Rodolfo balançou a cabeça afirmando.

— Não posso acreditar. Tem consciência do que fez com minha vida, pai? Fui obrigada a casar com este homem, que não amo, e jamais vou amar, só para saldar uma dívida de jogo. Meu Deus! É inacreditável.

O semblante de Lucya naquele momento era de dor, uma dor profunda que vinha de sua alma, a triste revelação de sua condição humana.

— Nada mais importa, pois deixei de ser uma pessoa, sinto-me uma mercadoria. Mercadoria esta, negociada em uma casa de jogo.

Frederico, sem a menor sensibilidade, acrescentou nas palavras de Lucya:

— É, minha cara, agora já sabe da verdade. Em relação ao seu amor, não importa, pois terá de ser minha esposa, de qualquer maneira, amando-me ou odiando-me.

Todos presenciavam o triste diálogo dos dois. Martha, pela primeira vez, sentiu pena de sua irmã, sentiu quanto ela sofreria com aquele homem em sua vida, as humilhações que teria de suportar. Não poderia permanecer mais naquela casa, faria qualquer coisa para fugir dali.

— Minha irmã, sinto muito por você, mas quanto a mim, partirei amanhã. Não posso ficar aqui, agora compreendo a atitude do nosso irmão quando partiu. Lamento sinceramente a situação de nosso pai, mas não consigo entender sua atitude; mas entendo por que nossa mãe morreu. O remorso, por sua omissão, consumiu-a até a morte.

Diogo estava penalizado, olhava para as duas mulheres e conseguia entender o sofrimento que passava em suas almas, o olhar de arrependimento do pai, sem coragem de encará-las. Jamais esqueceria aquela cena. Olhou para Martha, acariciando suas mãos que tremiam de emoção.

— Partiremos juntos, venha comigo, depois casaremos.

— Obrigada, Diogo, mas não quero sua piedade, agora que sei toda a verdade, será difícil ser sua esposa.

— Martha! Não tinha conhecimento deste fato, também estou triste com tudo que acabo de saber. E lamento pelo meu pai. Gostaria de entender. Nunca precisou usar métodos tão baixos para conseguir uma mulher em sua vida. Por quê?

Frederico, um pouco mais calmo, tentou encontrar uma resposta.

— Não sei, mas quando conheci Lucya, não consegui tirá-la mais dos meus pensamentos, foi a maneira que encontrei para conseguir o que queria.

— Pai, havia outras maneiras, por que não tentou conquistá-la, como sempre fez com as outras que desejou?

— Não sei! E isso também não importa; consegui, é o bastante.

Depois de tudo, não restava mais nada a fazer. Foram todos para seus quartos, carregando o peso de suas consciências, das tristezas e de seus remorsos. Nada mais importava, agora não tinha mais jeito. Teriam de aceitar seus destinos, seguir a vida em frente, tentando esquecer o restante.

Sebastiana era a única que se sentia viva naquele momento. Assistira a tudo, com satisfação e prazer. Presenciar o sofrimento de todos aumentou seu ódio, dando-lhe esperança de concretizar seu desejo de vingança.

Naquela manhã, antes de o galo cantar, Diogo e Martha colocavam na carruagem suas bagagens. Lucya ouviu o movimento, levantou-se para ver o que acontecia e teve tempo para despedir-se da irmã.

— Minha irmã, levantou-se? Não queríamos acordá-la.

— Não me acordaram, não consegui dormir, não seria justo que vocês partissem sem ao menos me despedir.

— Minha cara Lucya, deixaríamos uma carta para vocês. Achamos que seria melhor assim.

Lucya abraçou a irmã, com carinho, desejando-lhe toda sorte do mundo. Martha olhou para tudo ao redor e, emocionada, comentou:

— Espero nunca mais ter de voltar. Sinto muito, minha irmã, mas se um dia precisar, vá ao meu encontro, tem o endereço da fazenda.

— É verdade. Quando você quiser ou precisar, é só escrever, que estaremos aguardando por sua visita. Quero dizer mais uma vez, não participei, em nenhum momento, de nada, não tinha conhecimento do que meu pai tramava.

— Eu sei, Diogo, já o conheço, você é bem diferente do seu pai.

Diogo continha-se para não beijá-la, era seu maior desejo naquele momento. Resignou-se com um abraço, apertando-a com emoção.

— Que Deus os acompanhe. Sejam felizes!

Ficou olhando a carruagem afastar-se. Lucya sentiu-se completamente só, algo em seu coração dizia que jamais tornaria a ver sua irmã. Sua mãe morrera, seu irmão tinha partido sem destino, e acabara de ver sua irmã partir para sempre. Restava-lhe o pai e aquele homem horrível.

"O que será de minha vida daqui para a frente? O que mais Deus me reservou?"

Imersa em seus pensamentos, envolvida em suas tristezas, não percebeu que a uns poucos metros de distância Oxalufam a observava. Tonto de emoção e tentando controlar o impulso de correr ao seu encontro, mantinha-se ereto como uma estátua, mal permitindo que sua respiração fizesse barulho, ordenando ao coração que parasse de bater tão forte. Chamava por seu nome mentalmente, na esperança de que o seu coração ouvisse seu apelo de saudade. Permaneceu mais alguns minutos; quando percebeu que Frederico vinha ao seu encontro, escondeu-se entre as folhagens para que não fosse visto.

— O que está fazendo aqui a uma hora desta e vestida desta forma?

— Vim despedir-me de Martha e Diogo.

— Já partiram! Meu filho não se despediu de mim?

— Deixou uma carta, parece que a colocou na mesa do escritório.

— Uma carta! É o cúmulo, deixar uma carta para o pai, não consigo entender sua atitude. Mesmo assim, não vejo motivo para estar aqui do lado de fora, apenas com um sobretudo. Mulher minha não anda vestida dessa forma, que não seja em seu quarto. Entre agora mesmo e vá se trocar. Imagine se algum negro passa e a vê trajada desta forma.

Lucya não respondeu, apenas olhou bem para seus olhos, mostrando todo seu ódio, e saiu, sem dizer nenhuma palavra. Sua audácia e arrogância no olhar deixaram-no mais revoltado.

"Lucya tem muito que aprender. Se pensa que vai continuar desafiando-me, está muito enganada, ensinarei quem manda aqui."

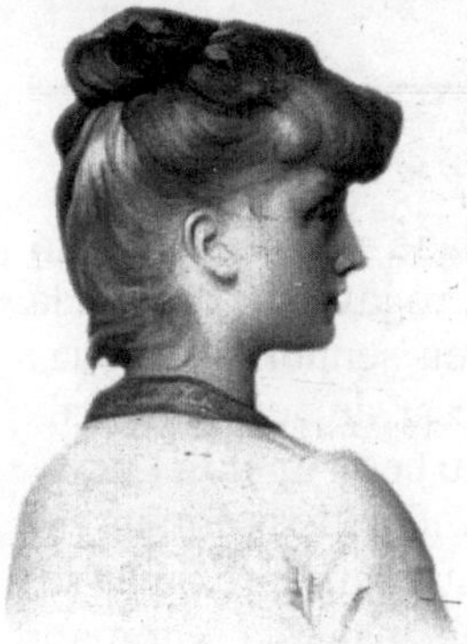

Capítulo III

Quando o mal vence

Alguns meses depois...

Durante esse período, a fazenda vinha sendo dirigida por mãos de ferro. Frederico e o capataz conduziam-na com tirania, não dando descanso aos negros, que trabalhavam noite e dia sem parar. Utilizando a chibata sem dó nem piedade, surravam os mais velhos, que não resistiam ao calor intenso que fazia na época do verão. Alguns não suportaram, e faleceram, o que fez com que muitos negros se revoltassem, instigando os outros negros a uma rebelião. Mas isso de nada adiantou, só servindo para que Frederico ficasse mais revoltado e aumentasse o castigo para aqueles que se negassem a trabalhar. O que fez com que a revolta acabasse rapidamente.

A antipatia que Frederico adquirira por Oxalufam, naquela época, transformara-se em ódio, misturando o sentimento inconsciente da inveja e do ciúme. O porte e a classe daquele negro ao falar e andar despertavam em Frederico sua inveja, apesar da sua condição. Mesmo sendo negro e escravo, vivendo em cativeiro, conseguia sobressair-se, parecendo um branco com estudo e educação; isso ele não conseguia entender nem aceitar. Seu ódio aumentava a cada dia, forçava-o a trabalhar de sol a sol, e mesmo assim continuava com um porte de fidalgo, comportando-se como um branco. No limite de sua tolerância, Frederico dava ordens ao capataz, que não desse trégua a Oxalufam; sua alimentação fora cortada pela metade, teria de viver a pão e água praticamente e o tronco já fazia parte de sua rotina. Mas de nada adiantava, a cada dia que passava, Oxalufam continuava cada vez mais forte e arrogante, sem perder o seu ar de majestade.

Mãe Nonô, bastante enfraquecida pela idade e pelo sofrimento em ver seu filho maltratado quase diariamente, rogava aos deuses da sua fé para que o protegesse das mãos do seu senhor. Com suas preces, abrandava assim seu coração que, apesar de ver tanta maldade, não guardava ódio. Por várias vezes tentou pedir ajuda a Lucya, para que interferisse em seu favor, mas suas tentativas foram em vão. Nenhum escravo ou escrava da senzala conseguia aproximar-se. Sebastiana era a única que tinha acesso a Sinhá, mas esta se tornara cão de guarda, passando a ser a negra de confiança de Frederico, que sem explicação, caiu de amores por ela. Esta era incansável em agradá-lo, nem que para isso tivesse de deitar-se com ele.

Lucya, por várias vezes, presenciou cenas de intimidade entre os dois, que não se faziam de rogados, mesmo estando em sua presença. Frederico adorava humilhá-la; deixou-a muitas noites, após fazer sexo, sozinha em seu quarto, chamando Sebastiana para acabar de satisfazê-lo, proclamando alto e em bom som, que a branca azeda era uma mulher fria e sem graça, que só a usava para conseguir fazer-lhe um filho, mais nada. Sebastiana ria e debochava, lançando-lhe um olhar de desafio, como se disputasse o seu fascínio feminino, rebolando para seu amo, provocando-o, como uma mulher vulgar.

Lucya sentia-se envergonhada com a situação, e seu nojo pelo marido crescia cada vez mais. Quando ele saía do quarto, levantava correndo para lavar-se, na tentativa desesperada de arrancar o cheiro daquele homem, que ficava entranhado em seu corpo. Chorando muito, esfregava seu corpo com um pano grosso, quase ferindo sua pele.

— Eu o odeio. Meu Deus, perdoe-me, mas não tolero este homem. Ajude-me, senão prefiro morrer.

Chorando, em desespero, tentava sonhar com um homem diferente. Imaginava como seria amar e ser amada de verdade. E sem perceber, a imagem de Oxalufam formava-se em sua mente, fazendo-a arrepiar-se. Involuntariamente sentia seus braços carregando-a, chegando a sentir o calor do seu corpo. Interrompeu seu sonho assustada e imediatamente tentou tirar a imagem da sua mente, sentindo-se culpada com o desejo que invadiu seu corpo.

Desde que chegara da viagem, não o vira nem cruzara com ele; tentou provocar um encontro, mas foi impossível, pois era vigiada por seu marido constantemente e, na sua ausência, Sebastiana não permitia, por ordem de Frederico, que se aproximasse da porta ou janela, tornando-a uma prisioneira.

Rodolfo encontrava-se cada vez mais doente de tanto beber. Nos seus raros momentos de lucidez, penalizava-se ao ver a situação da filha. Mas nada podia fazer, pois sua situação, não era tão diferente da dela. Vivia trancado em seu quarto, e a única pessoa que tinha permissão para entrar, era Sebastiana, que não perdia tempo, vingando-se em doses homeopáticas. Levava suas refeições em uma vasilha, como as que eram servidas para os escravos, sem esquecer naturalmente da garrafa de bebida. Esta, ela não deixaria faltar. Sujo e roto, cheirando mal e parecendo um maltrapilho, era torturado dia e noite, com palavras que Sebastiana blasfemava em sua consciência, fazendo-o mergulhar cada vez mais na lama de suas recordações, tomando-o de culpa, corroendo-o pelo remorso, até se matar de tanto beber.

Noite de lua cheia. Uma noite especial para os negros praticarem seus rituais de fé. Acreditavam que aquele dia era o dia da Mãe das Águas, dos rios e cachoeiras, que eles chamavam de Oxum. Proibidos de praticar tais reuniões, por Frederico, não poderiam mais tocar os tambores e, muito menos, cantar para os deuses. Mas não deixariam que o dia de Oxum passasse em branco, fariam suas oferendas, depositando nas águas do rio presentes, em sua homenagem, sem despertar atenção do seu senhor. Aguardariam pela madrugada, até que todos da casa grande dormissem, inclusive Tião. Levariam em silêncio suas oferendas.

Todos os negros da casa e da senzala foram avisados, exceto Sebastiana. Mãe Nonô já não acreditava mais na negrinha. Alertou a todos de sua transformação, da mudança que o ódio promoveu em sua alma, tomando conta do seu coração. Estava a favor dos brancos, negando sua raça e seu povo, tornando-se uma negra na qual não podiam mais confiar. Vestido de branco, com seu turbante, Oxalufam, ao lado de Nonô, ia na frente conduzindo seu povo, que logo atrás, em fila, seguia seus passos em silêncio. De cabeça baixa, todos rezavam uma mesma prece, elevavam seus pensamentos à Mãe das águas em um ritual de fé, pediam malembe para os negros, que tanto sofriam com maus-tratos dos senhores.

Nesse exato momento, Lucya, como hipnotizada, levantou-se do leito, caminhou até a porta, abriu-a. Desceu os degraus, caminhou lentamente, sempre com o olhar fixo para a porta de saída. Com seus pés descalços, de camisola e cabelos desgrenhados pelo vento, andava como uma sonâmbula, seguindo a direção do rio. Com os olhos petrificados, a fisionomia translúcida, caminhando em um ritmo compassado, percebia-se claramente que se encontrava em transe. Qualquer pessoa com algum conhecimento espiritual perceberia que Lucya não se encontrava ali, somente seu corpo, mas não sua alma.

Os negros depositavam suas oferendas na margem do rio, quando um lamento se fez ouvir, bem atrás deles. Assustados, voltaram-se todos ao mesmo tempo para ver do que se tratava. Um canto lindo, parecendo que vinha das profundezas do rio, soava dos lábios da Sinhá, que personificava a imagem viva de mamãe Oxum. Passou por todos que, extasiados, ajoelharam-se em respeito, louvando Oxum, que caminhou para o rio, onde se via refletida a imagem da lua, fazendo com que suas águas parecessem salpicadas de chuvas de prata.

E a deusa abençoou a todos, formando sua mão em concha, jogando gotas de água em suas cabeças. Com um lamento profundo, os negros cantavam sua melodia com amor e emoção. Aproximou-se de Oxalufam, que, a seus pés, implorava sua proteção. Oxum tirou o turbante que cobria sua cabeça, e com um choro profundo de tristeza, deixou que lágrimas corressem de seus olhos. Mãe Nonô entendeu sua mensagem. E, como mãe, implorou que Oxum não permitisse que nada de mal acontecesse ao seu filho.

— Mãe Oxum, imploro que proteja Oxalufam. Não permita, minha mãe Oxum, que eu esteja certa nas minhas predestinações para seu futuro.

Oxum olhou-a com pesar. E mais uma vez, Nonô entendeu:

Ela nada poderia fazer, pois seria seu destino.

Lucya, saiu do rio deixando todos os negros agachados rezando em voz alta. Voltou, tomando o mesmo caminho escuro, sem tropeçar. Continuava em transe, chegando em frente à porta da casa grande, abrindo-a lentamente. Um grito chamando pelo seu nome se fez no silêncio da noite, com violência.

— Lucya!

Em pé, no último degrau, com os braços cruzados, os olhos faiscando de ódio, encontrava-se Frederico. Acordara, naquele momento; como não a encontrou na parte de cima da casa, já estava pronto para descer.

— Lucya!

Como se nada ouvisse, ela continuou. Passou ao seu lado, ignorando sua presença. Indignado, sem entender, Frederico gritou tão alto, que Sebastiana veio ver o que acontecia.

— Lucya! Responda-me. O que fazia lá fora vestida desta forma? E ainda por cima está, toda molhada!

Como não obteve resposta, começou a sacudi-la. Pegou-a pelo ombro, usando sua força, e continuou; mesmo com tanta violência, ela não gritava, não falava, continuava sem ação, com o olhar parado no vazio. Sebastiana olhou para sua fisionomia e percebeu o que acontecia.

— A Sinhá encontra-se num estado de transe, ela é médium.

— Que diabo está falando, mulher?

— Senhor! Sinhá Lucya não está aqui.

— Como assim? Está dizendo que a mulher que está na minha frente não é Lucya?

— Que esta não é a Sinhá. Algum espírito está no seu corpo.

— Está louca também. Acha que vou acreditar em uma coisa desta? Quer ver o que faço com este espírito?

Sem controle, Frederico estendeu sua mão, dando um violento tapa no rosto de Lucya, que caiu, com o nariz sangrando. Atordoada, acordando do seu estado de transe, sem saber o que estava acontecendo, começou a gemer de dor. Olhou assustada para Frederico e gritou, pedindo que parasse. Quanto mais gritava, mais apanhava. Frederico não parava de fazer perguntas. Sem saber o que dizer, ficou olhando para ele, atônita, não conseguia entender uma única palavra do que ele dizia. Aflito, e não agüentando mais ouvir os gritos, de sua filha, Rodolfo resolveu sair do quarto. Precisava fazer alguma coisa, aquele homem acabaria matando Lucya.

— Pare! Não faça mais isso, serei capaz de matá-lo, se encostar mais um dedo nela.

Frederico, espantado com seu atrevimento, olhou para ele, largando-a. Avançou violentamente para Rodolfo, socou-lhe o rosto, sem dar tempo para que ele pudesse reagir. Ele não poderia, pois encontrava-se bêbado, como sempre. Depois de tanto apanhar, tonto, perdeu o equilíbrio, caindo pela escada abaixo.

Sebastiana não se movia, estava feliz e assustada ao mesmo tempo, chegou a ficar com medo de Frederico, mas seu ódio não permitia que enxergasse o quanto aquele homem era cruel. Sem forças para levantar, Lucya gritava para que Frederico largasse seu pai. Arrastou-se na tentativa de impedi-lo, agarrou suas pernas, mas ele empurrou-a com mais força, fazendo com que sua cabeça batesse contra a parede. Antes de perder os sentidos, Lucya conseguiu memorizar a cena trágica. Viu seu pai caído sem vida, com o corpo estendido no degrau da escada.

Frederico tentava acalmar-se. Percebeu que Lucya sangrava muito e ordenou a Sebastiana que chamasse Tião para tirar aquele bêbado da sua frente. Pegou Lucya, colocando-a na cama. Sebastiana entrava no quarto.

— Senhor, ela está sangrando muito, acho melhor chamar um médico.

— Talvez não seja necessário. Não tem ninguém aqui que saiba cuidar de um ferimento?

— Mãe Nonô, ela conhece ervas milagrosas. Vou mandar chamá-la.

Tião examinava Rodolfo, quando constatou que o coronel estava morto. Sebastiana, ao descer a escada, viu o rosto de preocupação.

— O que foi? Que cara é essa?

— Ele morreu! O sr. Rodolfo está morto.

— Menos mal, assim vai poupar meu sacrifico, menos um desta família.

Havia tanto ódio em sua voz, que Tião ficou preocupado, sentiu-se ameaçado, sabia quanto era odiado por ela, e que, por várias vezes, teve de castigá-la para que se calasse. Frederico não teve conhecimento da venda das crianças; Tião a ameaçava de morte, caso ela dissesse alguma coisa ao patrão.

— Chega de conversa fiada, vá chamar seu amo, diga-lhe que aguardo suas ordens. Nega! Não esqueça, se disser uma palavra, você vai morrer.

— Quero ver agora o que o senhor vai fazer. O coronel morreu, cadê o dinheiro que ele iria lhe pagar?

— Está escondido. Vou encontrar, e você vai me ajudar.

— É maldito esse dinheiro, venderam meu filho, não quero saber desse dinheiro.

— Vai encontrar, sim! Quem sabe, se for boazinha em ajudar, talvez procure seu filho.

Sebastiana fuzilou-o com o olhar, tinha certeza de que Tião estava mentindo, ele só queria que ela procurasse o dinheiro, era a única que poderia, ninguém mais tinha liberdade para andar naquela casa.

— Primeiro vou chamar mãe Nonô, são ordens de meu amo, depois darei seu recado. Conversaremos mais tarde sobre isso.

Enquanto mãe Nonô tratava dos ferimentos de Lucya, Frederico foi falar com Tião. Olhou para o corpo de Rodolfo, que continuava caído, no mesmo lugar. Perguntou:

— Tem certeza de que está morto?

— Sim, senhor, acho que com a queda quebrou o pescoço. Veja o senhor mesmo.

— Não precisa. Manda enterrar.

— Mas assim, sem velório, sem nada?

— Quem irá velar o corpo? Só se for você!

Tião, chegou a sentir pena do seu antigo patrão. Seria enterrado como um qualquer. Pensou:

"Quantos negros daquela fazenda foram enterrados da mesma forma? Agora seria sua vez. Será castigo, ou feitiçaria dos negros, ou talvez vingança da nega Sebastiana."

— Onde quer que o enterre?

— Em qualquer lugar, você escolhe. Agora preciso descansar, foram muitas emoções por hoje. Saia, vá fazer seu serviço.

Retirou-se para o escritório, sentou-se em frente à escrivaninha, pegou uma carta e abriu. Releu-a pela trigésima vez.

"Meu pai, parto sem despedir-me, pois achei que assim seria melhor. Lamento por tudo que aconteceu, mas não posso perdoá-lo. Havia muitas maneiras para conquistar Lucya, mas não desta forma. E logo você, que sempre soube muito bem como cortejar uma mulher, não precisava rebaixar-se tanto, abalando sua dignidade como homem.

O fato, meu pai, é que nunca parou para pensar em meus sentimentos. Sempre foi muito bom pai, não nego, mas em seu egoísmo, nunca pensou que seu filho também é homem e, portanto, viável ao amor. Quando conversamos na época em que conhecemos a família de Lucya, deixei claro meu interesse por ela, mas nem percebeu, como sempre. Participou-me o casamento, sem dar-me nenhuma explicação, o que me fez acreditar que a havia conquistado, sendo de livre a sua vontade. Assim, resignei-me, abrindo mão, mais uma vez, para vê-lo feliz.

Por este motivo, acho melhor afastar-me, não poderia viver ao lado da única mulher que consegui amar, em minha vida, tendo de aceita-lá como madrasta. Seria mais fácil se não descobrisse a verdade. Mas agora que sei e percebi nos olhos de Lucya que nunca o amou, e dificilmente virá a amá-lo, não posso mais ficar. Perdoe-me, mas desta vez não poderei ficar ao seu lado. Sempre o amarei. Por favor, não me peça para voltar. Seu filho. Diogo."

Dobrou mais uma vez a carta, guardando-a. Triste e decepcionado, revoltado com Lucya, culpava-a por tudo.

"É a causadora do abandono de meu filho. Se não o tivesse assediado e seduzido, usando do seu charme, ele não teria se apaixonado. Sentirá na pele quanto dói ver um filho partir, sem querer mais ver o pai. Vou sempre responsabilizá-la. Diogo foi embora por sua causa, isso eu não perdoarei."

Enquanto isso, no quarto, Nonô pedia ajuda a duas escravas. Teria de colocar o ombro de Lucya no lugar, e a dor que ela sentiria seria insuportável. Com força puxou seu ombro até que ouvisse o estalo dos ossos. Seu grito ecoou por toda a fazenda, perdendo logo os sentidos, facilitando, assim, para Nonô acabar de colocar ataduras, enfaixando-a, imobilizando seus movimentos.

— Tudo que eu podia fazer está feito. Agora vamos esperar, o tempo dirá, espero que seu ombro volte a ficar normal.

Olhou para Sebastiana que, encostada em posição de relaxamento, observava mãe Nonô, com o olhar indecifrável.

— Nega! Que pessoa você se tornou, não a conheço mais. Vou dar um conselho, se quiser aproveitar, ouça com atenção.

Sebastiana continuou calada, olhando sem demonstrar nenhuma importância para o que Nonô diria.

— Está mexendo com forças que não conhece. O mal nunca vencerá o bem. Aparentemente pensa que está conseguindo, mas engana-te, o castigo virá, mais cedo ou mais tarde. Essas mesmas forças vão te cobrar, e sabe-se lá qual será o preço.

Um ano depois...

Se existisse uma moradia para o inferno, com certeza seria na fazenda o seu lar. Sebastiana e Frederico seriam os próprios demônios, os anfitriões.

Lucya recuperou-se completamente do ombro e do físico, mas sua alma estava doente de tanta tristeza, de tanto sofrimento e humilhação. Quando soube do falecimento de seu pai, implorou para que o marido dissesse onde o enterrara, mas nem isso ele permitia que ela soubesse. Rezava sempre por sua alma, pedindo que Rodolfo a perdoasse por não ter comparecido ao seu sepultamento.

Frederico estava possuído pelas forças do mal. Nunca fora bom, ultimamente mais parecia um animal que um ser humano. Toda sua mudança, ele poderia agradecer à Sebastiana, que não media esforços em invocar forças malignas, influenciando diretamente em seu espírito fraco e mau, facilitando assim o domínio dessas forças, dominando-o. Por isso, conseguia envenená-lo, cada vez mais, com intrigas e fofocas, fazendo a vida de Lucya e dos negros um verdadeiro inferno. Muitos deles eram levados ao tronco por pura maldade, bastava não tratá-la com respeito. A maioria dos negros temia-a, com exceção de Oxalufam e mãe Nonô. Seus conhecimentos com a magia eram bem mais fortes que os dela, fazendo com que Sebastiana se mantivesse mais cautelosa, respeitando-os.

Tião pisava em ovos com relação a Sebastiana, sabia do seu poder e domínio da situação. Prometeu que esqueceria o dinheiro conseguido pelo coronel com a venda das crianças negras, deixando-a ficar com ele, caso encontrasse, em troca do seu silêncio, não o comprometendo. Dinheiro este que ela não encontrara, mesmo revirando toda a fazenda.

Esta era a atual condição em que Sebastiana se encontrava no casarão. Seu domínio era grande em relação a tudo, ou quase, pois coisas estranhas começavam a acontecer, que fugiam do seu controle. Barulho de passos durante a noite, garrafas caindo do nada, gemidos, vozes que chamavam Frederico e ecovam por todo o casarão, deixando-o transtornado, sem conseguir dormir e tirando sua paz. Quando conseguia pegar um pouco no sono, pesadelos faziam-no acordar assustado, suando frio de medo. A janela do seu quarto sempre se encontrava aberta, intrigando-o, pois tinha certeza de que a fechara; culpava Lucya, mas esta se defendia, alegando que não a abrira.

Cada vez mais descontrolado, Frederico andava com a fisionomia de doente, seus olhos estavam vermelhos pelas noites de insônia, seu humor péssimo como sempre. Naquela noite, depois de usar Lucya até se cansar, como um animal no cio, deixando-a com o corpo doído e a alma humilhada, adormeceu, profundamente, ignorando como sempre o estado lastimável em que deixara sua mulher. E tudo que ela conseguia fazer naquele momento era pedir a Deus que não permitisse uma gravidez. O pesadelo voltou, começou a suar frio, o ar faltava-lhe, precisava acordar, lutava para abrir os olhos, estava sufocando, o desespero tomou conta do seu ser, quando percebeu que o vulto de um homem tentava enforcá-lo com as mãos. Na tentativa de impedir o agressor, acordou soltando um grito de pavor. Lucya acordou sobressaltada, encontrando-o brigando com o nada.

— O que foi? Fale, homem, o que está acontecendo com você?

Olhou para ela espantado, completamente assustado, quase sem conseguir falar.

— Seu pai, ele estava tentando me matar!

— Meu pai! Como?

— Com as mãos, tirava meu ar, não conseguia respirar.

— Foi pesadelo, meu pai morreu. Esqueceu?

Frederico não conseguiu mais dormir, passou toda a madrugada perambulando pela casa, nervoso e amedrontado, tinha certeza de ter visto Rodolfo, mas não podia acreditar em seus olhos. Começou a pensar na possibilidade de ele estar vivo.

"Tião deu-me a certeza de que estava morto. Será que mentiu e escondeu o desgraçado em algum lugar? Qual seria a razão? Será que é uma trama, e querem matar-me para ficar com minha fortuna? Preciso tirar isso a limpo."

A manhã surgia e o galo cantava. Frederico acordou os criados, gritando, parecia enlouquecido, todos da casa levantaram assustados, Sebastiana veio logo ao seu encontro.

— O que aconteceu, senhor?

— Quero esse bando de negros em pé trabalhando, já dormiram demais, só sabem comer e dormir.

— Todos já se levantaram, trarei seu café imediatamente, fique calmo.

— Espere! Mande acordar Tião, que ele venha agora mesmo falar comigo.

— Sim, senhor.

Sebastiana ficou curiosa. Percebeu que acontecera alguma coisa ruim, pois a fisionomia de seu amo não era das melhores. Entretanto, não podia imaginar o quê. Entrou no quarto de Tião que ficava fora da casa, mas não muito distante. Encontrou-o dormindo profundamente. Este pressentiu sua presença, acordando imediatamente.

— O que quer aqui?

— Calma, seu patrão está chamando. Agora!

— Mas ainda nem clareou. O que aconteceu?

— Isso eu não sei, mas ele não está com a cara boa.

— Vou trocar-me. Já estou indo.

Alguns minutos depois, Tião encontrava-se em sua presença, na sala da casa grande. Sebastiana fingiu que saíra, ficou escutando atrás da porta. Com alguma dificuldade, conseguiu ouvir uma parte da conversa.

— Quero que me leve ao lugar em que enterrou o corpo do Rodolfo.

— Como, senhor?

— Está surdo ou não falei com todas as letras? Onde está enterrado aquele maldito, quero ir até lá. Entendeu?

— Sim, senhor. Agora! É só o tempo de tomar meu café.

Sebastiana, surpresa e mais curiosa ainda, pensou:

"O que será que o amo quer? E por quê?"

Tião achava que era o único que conhecia o local, não podia imaginar que naquele dia Sebastiana o havia seguido, descobrindo onde Rodolfo fora enterrado. Ela precisava saber para dar continuidade à sua vingança. Precisaria de pequenos objetos, para o ritual de magia, como fios de seu cabelo e pedaços do seu osso, para oferecer sua alma às forças do mal. Esperou pelo dia certo para desenterrar o corpo, apossou-se do que precisava, largando-o em cova rasa, sem a preocupação de enterrá-lo da mesma forma com que Tião o fez.

Montados a cavalo, os dois foram para o local. Tião, que sequer poderia imaginar a desconfiança do seu patrão, encontrava-se calmo. Frederico, ao contrário, estava agitado e desconfiado; por precaução levara a arma, colocando-a na cintura de forma ameaçadora.

— Falta muito?

— Não, senhor, coloquei seu corpo bem no meio da mata, bastante afastado da fazenda, mas não falta muito.

Tião desmontou, apontando para perto de uma árvore.

— Chegamos, está bem embaixo daquela árvore.

— Vamos até lá.

Frederico apontou para que Tião fosse na frente, indo logo atrás, com a arma já na mão. Quando chegou Tião, achou estranho que a terra estivesse remexida e fofa. Abaixou e ficou apalpando com as mãos.

— Engraçado, parece que alguém andou mexendo aqui.

— Como, não disse que estava sozinho?

— Sim, senhor, ninguém viu nem acompanhou-me, fiz tudo sozinho.

— Pegue alguma coisa e comece a cavar.

— Cavar, não entendo, cavar para quê?

— Não interessa, quero ver o que tem aí.

— A esta altura, só terá ossos ou um corpo em decomposição.

— Pois quero ver! Se alguém foi enterrado aqui, tem que existir algum vestígio.

— O senhor é que manda!

Começou a cavar com um pedaço de madeira que se encontrava no local e com a própria mão. A terra estava fofa, não foi difícil, mas por mais que cavasse, não conseguia encontrar nada; cavava mais e mais, e nada. Olhou para Frederico, que se encontrava de pé, com os braços cruzados, fulminando-o com os olhos. Suas narinas abriam-se num vaivém, fazendo compasso com sua respiração, repleta de ódio, com a confirmação de suas suspeitas.

— Cadê o corpo?

— Não sei, senhor! Estava aqui, eu mesmo coloquei.

— Vou dar-lhe mais cinco minutos para encontrar, caso contrário...

Tião olhou para sua mão, que já apontava em sua direção a arma de fogo.

— Mas o que está acontecendo, senhor?

— Continue, não pare, tem cinco minutos, nem precisa sair desta cova, pois será sua moradia, caso não encontre corpo algum.

Tião cavava freneticamente, olhando o tempo todo para a arma; desesperado, não conseguia encontrar osso algum, nada.

— Meu Deus, não sei o que está acontecendo.

— Pensa que sou algum idiota, que iria me enganar facilmente. Você, Rodolfo e Lucya tramaram tudo direitinho. Com minha morte, tudo voltaria a ser como antes.

— Mas, senhor!

— Cale a boca, morrerá, aqui mesmo, nem preciso que diga onde está escondido Rodolfo, isso tirarei de Lucya, será um prazer fazê-la falar.

— Senhor, é tudo um engano. Por favor, não faça isso!

— Já fiz, meu caro, ninguém pode me enganar sem pagar o preço, e o seu será a morte.

— Isso só pode ser coisa daquela negra, não acredite nela.

Sem conseguir dizer mais nada, Frederico puxou o gatilho; um tiro certeiro, no meio da testa, silenciou-o para sempre. Sem perceber seu ato, Frederico tornara-se um assassino. O sogro fora um acidente, mas agora fora um assassinato, frio e calculado; sua alma tornara-se negra, a maldade já tomara conta de todo o seu ser. Jogou displicentemente terra na cova; sem demonstrar nenhum remorso, deu as costas, saindo como se nada tivesse acontecido.

"Acertarei as contas agora com aquela cadela, falsa, traiçoeira. Ela engana a todos, mas não a mim! Sua cara de santa, sempre se fazendo de vítima, não me ilude mais. Não sabe o que a espera, ela e seu pai serão os próximos."

Sem o capataz, seria ele agora o carrasco, e não mais mandante. Com as suas mãos, lançaria o chicote no lombo dos negros, sem dar trégua para a maldade. Chegou à fazenda, com seu cavalo a galope, desmontou apressadamente, andando em direção ao casarão, como se fosse a personificação do mal. Lucya encontrava-se lendo na sala. Ao ouvir o trote do cavalo, seu coração disparou. De alguma forma, pressentiu que por detrás do som das patas do animal, uma tragédia iria acontecer, confirmada logo depois, quando se deparou com Frederico entrando na sala. Levantou-se assustada, sem tempo para perguntar, o som do tapa em seu rosto, a vertigem devido à violência com que o recebera, tirara-lhe as condições de se defender. Sem entender, continuou apanhando, enquanto Frederico gritava:

— Diga, sua cadela, onde ele está?

— Pare, Frederico!

— Fale! Onde escondeu seu pai?

— Meu Deus! Não sei o que está falando.

Sem razão e sem consciência do que estava fazendo, Frederico ia acabar matando-a de tanta violência.

As negras que trabalhavam na casa, assustadas e amedrontadas, não sabiam o que fazer. Corriam de um lado ao outro, estavam com medo, mas se alguém não parasse Frederico, ele mataria a Sinhá.

— Sebastiana, precisa fazer alguma coisa, o senhor vai matar a Sinhá.

— O que posso fazer? Se for lá, vai sobrar para mim.

— Precisamos chamar alguém, chama o Tião.

— Vá você, corre lá fora, encontre Tião, veja o que ele pode fazer.

A negrinha saiu correndo pela fazenda, parando e perguntando a todos os negros que encontrava pelo caminho, mas ninguém o tinha visto. Curiosos, perguntavam qual o motivo de sua agonia. Respondia rapidamente, quase sem fôlego:

— O patrão vai matar Sinhá!

Algum tempo depois, a notícia chegava ao cafezal. Oxalufam segurou a negrinha e sacudiu-a.

— Fale direito, mulher, o que está acontecendo com a Sinhá?

— É o Senhor, parece que o diabo tomou conta dele, está batendo tanto em Sinhá, que vai acabar matando-a.

Sem esperar para ouvir mais nada, Oxalufam, em disparada na direção da casa grande, corria como um louco. Seu pensamento era para que chegasse a tempo, pedindo proteção aos seus deuses. Como um tigre negro correndo ao sol, com seus músculos em movimento, parecia um animal feroz.

— Pai, ajude-me! Oxalá, não me abandone, preciso de forças.

Entrou empurrando a porta principal do casarão, sem se preocupar com mais nada; o som de um gemido fez com que seu coração batesse ainda com mais força; aguçou seus ouvidos, para distinguir de onde vinha o som de dor. Encontrou Lucya caída, enquanto Frederico lhe socava, tentando fazê-la falar. Completamente cego pelo ódio, inconformado com tanta covardia, Oxalufam puxou-o, fazendo com que ele se virasse e pudesse ver quem se atrevia a tocá-lo. Sua surpresa foi maior quando se deparou com os olhos vermelhos do negro à sua frente, sem acreditar no que via. Sem ação, Frederico, ainda surpreso, deixou-se ser pego por Oxalufam, que torceu seu braço até quebrar.

— Covarde, vou matá-lo, nunca mais encostará um dedo em Sinhá.

Mesmo com a dor do braço quebrado, Frederico continuava falando com ódio.

— Negro nojento, largue-me! Como ousa colocar sua mão imunda em cima de mim?

Oxalufam olhou para Lucya, que, ensangüentada, tentava levantar-se. Largou Frederico e foi ajudá-la, esquecendo-o; neste meio tempo, ele pegou uma cadeira e quebrou em suas costas. Como se nada sentisse, Oxalufam virou-se, pegando-o pelo pescoço, socando-lhe o rosto, sem largar, tomado pelo ódio. O rosto de Frederico já ficara roxo, pois o ar já lhe faltava, quando Sebastiana gritou para que Oxalufam o largasse. Entretando, como ele continuava, ela ordenou que as negras fossem procurar ajuda. Lucya implorava para que Oxalufam o largasse e fugisse.

— Vá embora Oxalufam, fuja, os homens estão armados, vão matar você.

Oxalufam só largou Frederico quando este perdeu os sentidos.

— Vai acabar matando-o, por favor pare, não faça isso.

— Sinhá está toda machucada, precisa de ajuda, vou chamar mãe Nonô.

— Não, fuja, os homens devem estar chegando da plantação, vão matá-lo, fuja, meu amigo.

— Não posso deixá-la aqui, sozinha com este monstro.

— Se você ficar, não poderá me ajudar, ele vai acabar com sua vida.

— Está certa, Sinhá, mas saiba que estarei por perto; existe um lugar, que só eu e minha mãe conhecemos, se precisar de mim, fale com ela, saberá onde me encontrar.

— Está bem, agora vá.

Oxalufam olhou bem dentro dos olhos dela. Se ele pudesse falar, diria o quanto ele a amava. Sem perceber, Lucya retribuiu aquele olhar de paixão, deixando-o tonto de felicidade, pois percebeu que ela também o amava. Talvez não soubesse, mas ficou claro para ele que seus olhos revelaram o sentimento que estava escondido na sua alma.

— Tem certeza de que ficará bem?

— Eu não sei responder, mas tenho certeza de que se ficar mais um minuto aqui, morrerá.

Ao ouvir trote de cavalos, fugiu pelos fundos do casarão. Alguns escravos ajudaram-no, fazendo uma parede humana, impossibilitando que os capangas percebessem sua fuga. Sebastiana acudia Frederico, colocava compressas em seus ferimentos, tentando acalmá-lo. Lucya perdera os sentidos, sendo colocada em seu quarto pelas negras que foram procurar mãe Nonô. Os homens vasculhavam a fazenda, colocando-a de cabeça para baixo, não conseguindo encontrar nenhum vestígio de Oxalufam. Interrogavam mãe Nonô, que insistia em dizer que não sabia onde seu filho se escondera.

Prisioneira em seu quarto, Lucya sofria com as dores que sentia por todo o corpo, mas o sofrimento maior era a vergonha e a humilhação em que sua vida se tornara, fazendo-a sentir-se uma pessoa completamente só e desamparada. Lembrou-se dos maus-tratos que sua mãe sofria ao lado do seu pai, das humilhações que ele a fizera passar, mas nada era parecido com o que ela vinha sofrendo ao lado daquele homem. O desgosto pela vida tomou conta de sua alma, nada mais importava para ela, só gostaria que Deus a levasse. Sem perceber, naquele momento, o espírito de sua mãe estava ao seu lado tentando consolá-la. Um leve perfume familiar fez com que sua alma encontrasse um acalanto, confortando-lhe.

"Ah! Minha mãe, que saudades. Como estou precisando de você."

Uma voz suave em seu pensamento fez Lucya arrepiar-se de emoção, era a voz de sua mãe.

— Minha querida, sempre estarei do seu lado, eu prometo, o que não pude fazer por você em vida, farei agora, neste plano em que me encontro. Escreva para Diogo.

Lágrimas vieram em seus olhos, emocionada e chorando muito, conseguiu adormecer, com a certeza de que conseguira ouvir sua mãe, mesmo sem entender como, mas era a voz dela. Os capangas retornavam à casa grande, temiam pela reação de Frederico, mas nada descobriram sobre o paradeiro de Oxalufam.

— Sentimos muito, senhor, mas não conseguimos encontrar aquele negro. Ele sumiu!

Aos berros, Frederico ordenava que o achassem, vivo ou morto, oferecendo uma verdadeira fortuna para aquele que trouxesse alguma notícia do negro.

— Quero aquele negro, de preferência vivo. E eu mesmo quero matá-lo. Se for preciso, contratem mais homens, mas tragam-me o negro.

Empurrou Sebastiana, que tentava colocar compressas em seus olhos.

— Largue-me! Parece um carrapato, vá até o quarto, veja se aquela mulher está bem trancada, ajude-a no que for preciso, quero-a bem viva.

Obedeceu ao seu amo. Quando entrou no quarto, encontrou Lucya ardendo em febre; colocou compressas, entretanto nada abaixava a febre. Ela delirava, chamando alguém. Sebastiana não conseguia distinguir quem era.

— Amo, acho melhor chamar o médico, Sinhá não está bem, arde em febre, já fiz tudo e não consigo abaixá-la.

— Não, prefiro que ninguém da cidade venha até aqui, pode haver comentários, não quero ninguém de fora falando com ela.

— Então mãe Nonô, quem sabe suas ervas podem ajudar.

— Vá chamá-la. Um momento, essa mãe Nonô é a mãe daquele negro fugido.

— É sim.

— Hum! Mande que venha aqui.

Quando recebeu a ordem, mãe Nonô ficou pensativa e preocupada.

"Tenho de estar preparada, o senhor fará de tudo para que eu fale onde meu filho está escondido. Mas os orixás me ajudarão. Da minha boca não tirará nenhuma palavra, nem que me mate."

Cansada de tanto sofrimento, com a idade avançada, mãe Nonô caminhava com muita dificuldade, demorando um pouco para chegar ao casarão, que ficava distante da senzala.

— Com licença, o senhor mandou chamar Nonô?

Frederico estava pronto para atacá-la com violência, mas ao olhar seus olhos, uma força impediu-o de agredi-la, deixando-o sem ação. Resignou-se a olhá-la de cima a baixo, com desdém, falando com arrogância e desconfiança:

— Quero que veja Lucya, pois está com febre. Mas não admito nenhuma conversa entre vocês, nenhuma pergunta, fui claro?

— Sim, senhor.

— Depois venha até meu escritório, quando terminar. Pode ir.

Nonô pediu que Sebastiana fosse até a senzala, pegasse tudo que precisaria, pois assim que viu Lucya, sentiu que seu estado era grave. Colocou compressas, falando palavras estranhas, rezou com um galho de arruda, cruzando todo seu corpo. Enquanto isso, Lucya suava, dando sinais de que a febre cedia, mas seu delírio continuava. Mãe Nonô persistia rezando, sempre sendo observada por Sebastiana, que não arredava o pé do quarto, não a deixando a sós com Lucya.

— O que ela tem, mãe Nonô?

— Além de ter sido espancada, esta menina está com encosto. Sinto a presença de algum espírito que perturba sua alma; provavelmente o seu pai continua aqui.

— Nossa Senhora! Aquele homem continua pertubando depois de morto.

— Provavelmente querendo ajudá-la, só que não percebe que sua aproximação está perturbando sua saúde.

Amedrontada, Sebastiana perguntou:

— A senhora acha que ele pode prejudicar a nós, os vivos?

— De alguma forma, sim. Seu espírito está revoltado, alguma coisa aconteceu, sua alma não está em paz.

— Meu Deus!

Mãe Nonô olhou para Sebastiana, desconfiada.

— Cansei de avisar, mas não ouviu. O que andou fazendo, negrinha?

— Nada! Não fiz nada.

— Cuidado, está mexendo em casa de maribondo. Coronel Rodolfo está revoltado. Você fez alguma coisa com sua alma?

— Chega, mãe Nonô. Não vou ouvir mais nada. Acabou!

— Se ela continuar tendo febre, dê este chá, coloque estas ervas em seus hematomas.

— Está certo. O Senhor está no escritório, esperando por você.

Mãe Nonô, antes de sair, olhou para Lucya e mentalmente orou por Oxum.

"Mamãe Oxum, malembe para sua filha, veja como ela sofre, proteja essa criança."

Duas pancadas tímidas na porta do escritório, e uma resposta grosseira se fez ouvir.

— Entre.

— Sou eu, senhor.

— Estou vendo, venha até aqui, chegue mais perto.

Observou quanto a negra estava velha, com dificuldade para andar; seu corpo curvado dava a impressão de que ela encolhera, o que fez com que pensasse:

"O tronco não seria uma boa idéia, ela não agüentaria a primeira chibatada, tenho de encontrar outra maneira para fazê-la falar."

— Diga-me, sem rodeios, onde está escondido aquele negro.

— Com todo respeito, senhor, não poderia lhe dizer. Primeiro, porque sou mãe, e segundo, porque não sei.

Frederico, irritado, deu um soco tão forte na mesa, que todos os objetos pularam. Com os punhos fechados, gritava, ordenando que falasse.

— Negra não é mãe! Negras põem negrinhos no mundo para serem escravos, nada mais, além disso.

— Está enganado, senhor. Somos gente e temos sentimentos; a cor de nossa pele não nos faz animal, e até os animais têm sentimento.

— Cale a boca, se disser mais alguma bobagem, vou mandá-la para o tronco, garanto que não vai durar nem um minuto nesta vida.

Sentiu-se mais uma vez ameaçado com o olhar de Nonô, chegando a ficar tonto, tomado por um mal-estar; a força dos seus olhos incomodava-o, dando-lhe uma sensação de fraqueza.

— Pare de me olhar desta forma, não gosto de seus olhos.

— Desculpe, mas não são meus olhos que lhe fazem mal, é sua consciência.

— Velha maldita! É igual àquele negro, tem sorte por estar velha, mas não abuse. Vou encontrá-lo, tenha certeza disso, e vou matá-lo. Agora saia daqui.

Mandou-a embora sem olhar mais em seus olhos, estava com medo. Quando Nonô saiu do escritório, sem entender sua reação, correu a para porta trancando-a, o suor escorria pelo seu rosto.

— Esta negra é maldita, preciso fazer alguma coisa, não a quero mais viva.

Sem pensar duas vezes, chamou Sebastiana.

— Mande um capanga até aqui.

Alguns minutos depois, dava-lhe a seguinte ordem:

— Escolha o melhor homem que temos para esta tarefa, não pode falhar.

— Eu mesmo posso fazê-lo, senhor.

— Não, acho melhor não, quero um homem que não seja conhecido pelos escravos, é melhor que contrate um desconhecido. Depois que ele acabar o serviço, pague-o e mande-o para bem longe.

Dias depois, um homem mal-encarado chegara à fazenda; todos ficaram preocupados com sua presença, mas logo depois ele desaparecera da mesma forma que tinha surgido. Ninguém ficou sabendo quem era e o que foi fazer lá, nem Sebastiana teve conhecimento. Mas, desde então, não encontravam Mãe Nonô; inconformados com seu desaparecimento os negros estavam irrequietos, não conseguiam mais se concentrar nos afazeres da fazenda nem no cafezal. Inseguros e tontos não sabiam o que fazer, sem Oxalufam e mãe Nonô para protegê-los em sua fé. O que seria deles? Sentiam-se abandonados pelos deuses e tomados pelo medo.

Noites, dias, semanas, meses. Durante todo este tempo, aquela fazenda tornou-se um lugar de tristezas e maldades. Frederico, cada vez mais louco com a obsessão de encontrar Oxalufam, infernizava a vida dos negros. As noites maldormidas deixavam-no abatido e doente, mas mesmo assim sua maldade não permitia que se entregasse. Suas alucinações eram mais constantes, dormia com sua arma embaixo do travesseiro, acordava atirando para o nada, deixando Lucya apavorada e sempre que isso acontecia, culpava-a, ameaçando de matá-la se não dissesse onde Rodolfo estava escondido. Ainda se convalescendo dos maus-tratos, calava-se, na esperança de ele esquecer sua presença.

Revirou todo o casarão, afirmando que havia alguma passagem secreta. Como os escravos não encontravam nada, ficavam cada vez mais apavorados com sua loucura. Frederico passava as noites vigiando a casa, atento ao menor barulho, observando todos os movimentos de Lucya, que também por isso não dormia. Ela estava cada dia mais fraca, com aparência de doente; o que ainda a mantinha viva era saber que Oxalufam estava por perto e vivo, dando-lhe esperança de um dia tornar a vê-lo.

Sebastiana passou a ver o espírito de Rodolfo, que começou a atormentá-la. Andava sempre olhando para os cantos, assustada, rezando, apavorada, pois ele estava sempre ameaçando-a. Ficavam os dois durante a madrugada acordados, andando pela casa. A diferença entre eles, era que Sebastiana tinha a certeza de que Rodolfo estava morto, e que sua alma queria vingança. Por várias vezes tentou alertá-lo para o fenômeno, porém Frederico não lhe dava ouvidos, recusava a acreditar, dizia que era crendice dos negros, que espírito não existia.

Boatos corriam pela fazenda chegando até a cidade. Dizia-se que a fazenda estava amaldiçoada, que fatos estranhos andavam acontecendo por lá. Falavam do desaparecimento de pessoas, como Tião e mãe Nonô, e da morte do Coronel, que ninguém ficou sabendo do que e como morreu; da loucura em que o Senhor Frederico se encontrava, de Sinhá Lucya que se encontrava doente, não conseguindo sarar. Os homens que trabalhavam na fazenda confirmavam as histórias, quando estavam pela cidade, e a curiosidade do povo começou a crescer, espalhando para mais longe os boatos. E quem conta um conto aumenta um ponto. E as histórias sobre a fazenda chegariam bem mais longe que se poderia imaginar.

Sebastiana resolveu ir até a cova em que Rodolfo estaria sepultado, poderia ter deixado seu corpo mal enterrado, feito algo errado naquela noite, quando o tirou para pegar o que necessitava, e este poderia ser o motivo de sua alma estar perturbando-a. Para sua surpresa, quando desenterrou e viu o corpo, ficou mais apavorada. Mesmo em decomposição, estava claro que aquele não era o de Rodolfo. Era mais recente, olhou para o detalhe das roupas, que, em farrapo, denunciava a vítima. Teve certeza, tratava-se de Tião. O pavor que sentiu naquele momento fez com que muitas dúvidas passassem por sua cabeça.

A princípio achou que o espírito de Rodolfo havia se vingado, e que ela seria a próxima. Depois, pensando melhor, lembrou do passeio do seu amo naquela manhã, em que carregara a arma. Lembrou como estava zangado, quando mandou chamá-lo, e que Tião desapareceu naquele dia, não sendo mais visto por ninguém. Juntou as peças e deduziu:

— O senhor matou Tião. Mas por quê?

Esta pergunta ficou sem resposta, não conseguiu encontrar nenhuma justificativa.

"Este homem é louco, preciso tomar cuidado, ele mudou muito, às vezes parece que está com o demônio no corpo. Será que mãe Nonô tem razão? Andei exagerando, invocando as forças do mal, pedindo ajuda, elas estão dominando o senhor Frederico."

— Mãe Nonô, onde está? Preciso tanto de sua ajuda, estou com medo e arrependida.

Frederico continuava nutrindo esperança de engravidar Lucya, e por isso continuava na tentativa, sem se importar com o estado de saúde em que ela se encontrava. Naquela noite, fez-lhe uma ameaça, dando-lhe um prazo.

— Se dentro de três meses não me der um filho, vou acabar com você. Desgraçou minha vida, a única coisa que me resta é ter um filho, pois o meu Diogo, por sua causa, nunca mais voltou.

— Mas o que fiz para seu filho ir embora?

— Cadela, sonsa, pensa que me engana, não me iludo mais com esta cara de boazinha e inocente.

— Está louco, nunca fiz nada para separar você do seu filho.

— Só deu em cima dele, seduzindo-o.

— Nunca fiz nada disso, está louco.

— Ele contou na carta que me deixou como despedida.

— Pare, Frederico, pelo amor a Deus! Sempre fui vítima em suas mãos. Por favor, só estamos nós dois aqui, não precisa enganar a você mesmo. Escreva para seu filho, peça sua ajuda, você não está bem, tem alguma coisa de muito ruim com você.

— Tem sim, é você.

— Então, acabe com minha vida, não me importo mais com ela.

— Um dia é o que acabarei fazendo, mas antes quero um filho.

— Se Deus for justo, não permitirá que esta criança venha ao mundo.

— Se isso não acontecer dentro de três meses, será exatamente o que farei com você. Não permitirei que continue neste mundo, infernizando minha vida.

Consumido pela saudade, na escuridão das matas, Oxalufam olhava as estrelas, escutando o som da cachoeira e pensando em Lucya e em sua mãe.

"Nunca mais tive notícias, estou tão preocupado, por favor, minha mãe, comunique-se comigo, use a força do seu pensamento ou peça a algum negro que venha até aqui."

No meio da escuridão, um vento frio correu por sua espinha, Oxalufam sentiu nitidamente a presença de Nonô, olhou para os lados na certeza de encontrá-la. Começou a chamá-la, mas nenhuma resposta, só a sensação de sua presença.

Na janela do seu quarto, Lucya olhava as estrelas, quando a energia dos pensamentos de Oxalufam chegou até ela.

"Que Deus perdoe meu amor por você, Oxalufam. Demorei muito para entender, agora sei o que é sentir-se apaixonada. Esse sentimento novo e desconhecido por mim encheu-me de alegria e coragem, dando-me força e vontade para continuar viva, nem que seja para vê-lo mais uma vez e dizer-lhe o quanto o amo. Sempre sonhei em encontrar o amor verdadeiro, não sabia que estava tão perto de mim."

Seu pensamento chegou até Oxalufam que, com sua sensibilidade, podia ouvir todas as suas palavras de amor desencadeadas em seu coração.

"Minha deusa, minha Oxum, mulher de minha vida e de meus sonhos, como gostaria de tê-la em meus braços, sentir sua pele macia e cheirosa, acariciar seus cabelos e, se não for muita audácia deste negro, sentir o gosto do seus lábios."

Quando mais uma vez tornou a sentir a presença de sua mãe, um vento forte balançou as árvores, fazendo um gemido com os galhos, tirando Oxalufam dos seus pensamentos.

— Mãe! É você?

As águas do rio movimentaram-se como se respondessem sua pergunta. Oxalufam pressentiu que algo acontecera com sua mãe, só não podia imaginar que seu espírito estava ali, ao seu lado, tentando comunicar-se. O dia começava a clarear, teria de voltar para seu esconderijo, uma caverna, localizada por detrás da cachoeira. Descobrira quando era criança; por muitas vezes foi com mãe Nonô naquele local que só eles conheciam, colocar suas obrigações, que ofertavam aos seus deuses. Durante o dia, mantinha-se escondido nela, e à noite, aproveitando a escuridão, saía para caçar, andar e ver as estrelas.

Comida e água fresca, nada mais faltava, sobreviveria naquele lugar, sem ser descoberto, por muito tempo, se não fosse a saudade, que consumia seu coração. E agora que tinha certeza do amor de Lucya, não suportaria por muito tempo ficar escondido sem vê-la, sem falar da angústia em seu peito, que insistia em dizer-lhe que sua mãe estava em perigo. Na noite seguinte, resolveu que precisava saber notícias, iria até a fazenda. Aguardou pela madrugada, assim não correria risco de ser visto. Arrastando-se pelas matas, embrenhando-se na escuridão, chegou rapidamente à senzala. Olhou atentamente para todos os lados, estranhou não haver nenhum homem de guarda; escondendo-se, aproximou-se mais, até ter certeza de que não havia perigo. O silêncio lá dentro era quase mortal. Com dificuldade para enxergar seu interior, conseguiu distinguir os negros deitados, dormindo encurralados como animais.

— Zé, acorde. Calma, sou eu, Oxalufam.

— Graças aos deuses, você apareceu.

— O que aconteceu? Por que estão encurralados? Cadê mãe Nonô?

O negro Zé tentou contar-lhe o que aconteceu, falava baixo, não queria que os outros acordassem, poderiam despertar a atenção dos homens que estavam acomodados bem ali perto da senzala.

— Oxalufam, desde que mãe Nonô sumiu, vivemos apavorados, dormimos juntos, como proteção, estamos com medo, o demônio tomou conta deste lugar.

— Fique calmo, avise aos outros que estive aqui e que em breve voltarei, vou procurar por minha mãe.

— Volte, Oxalufam, não sei o que será de nossa gente, caso aconteça alguma coisa com você.

Muito abalado, ficou sem saber o que fazer, por onde começar a procurar. "Alguém deve saber alguma coisa." Lembrou-se de Sebastiana.

"Provavelmente ela deve saber, e terá de dizer-me."

O silêncio continuava, não se ouvia nem o piar da coruja, as árvores não balançavam suas folhas, só sua respiração ofegante se fazia ouvir. Oxalufam precisava chegar até Sebastiana sem ser visto; escondendo-se de árvore em árvore, nas sombras, chegou até a cozinha, abriu a porta lentamente, procurando não fazer nenhum barulho, e foi até o quarto que costumava ser o dela. Como se pressentisse o perigo que Oxalufam corria, Lucya debatia-se em seu leito, acordando com o coração acelerado, seu corpo tomado por um calor. Levantou-se para respirar melhor, indo em direção à janela, quando foi interrompida por Frederico, que também acordou.

— O que está fazendo, mulher?

— Estou com muito calor, preciso de ar.

Sem dar tempo para Frederico contestar, abriu a janela. Uma leve brisa soprou em seu rosto; fechou os olhos, respirando fundo. Imediatamente, a imagem de Oxalufam se fez em sua mente, abriu os olhos assustada.

"Deus, sinto a presença de Oxalufam. Onde estará?"

Sua respiração ficou acelerada, a emoção que sentiu naquele momento seria a mistura de medo e prazer e vontade de vê-lo. Frederico ordenou para que ela fechasse imediatamente a janela, chegando a ameaçá-la.

— Pronto, está fechada.

— Que cara é essa? Está estranha.

— É o calor que sinto, meu corpo está pegando fogo, fazendo-me corar.

— Sai da frente, quero ver se fechou direito esta janela.

Lucya voltou para a cama, sem dizer mais nada. Envolta em seus pensamentos, deitou-se. Tentando acalmar seu coração, que insistia em afirmar que Oxalufam estava por perto, procurou controlar sua respiração acelerada.

— O que viu lá fora?

— Nada, Frederico, não vi nada.

— Não minta para mim, sei que aconteceu alguma coisa, sua fisionomia mudou.

— É bobagem sua, estou normal.

Frederico aproximou-se, colocando suas mãos em Lucya.

— Está gelada, disse que sentia calor?

— Você está deixando-me nervosa, com suas perguntas. Já falei, não aconteceu nada.

— Mulher, espero que esteja falando a verdade, mas vou até lá fora.

Pegou sua arma e saiu do quarto. Enquanto isso, em outro quarto, bem perto deles, Oxalufam tampava a boca de Sebastiana, para que não gritasse.

— Vou soltá-la, mas se fizer o menor barulho, eu juro, vou matá-la com minhas mãos.

Sebastiana balançou a cabeça negativamente, olhando assustada para ele e, ao mesmo tempo, aliviada em vê-lo. Oxalufam soltou a mão suavemente, esperando sua reação.

— Não vou gritar, pode ficar calmo. Estou feliz em tornar a vê-lo.

— É mesmo, é difícil de acreditar.

— Estou assustada com tudo que vem acontecendo por aqui.

— Fiquei sabendo. Agora, diga-me, onde está minha mãe.

— Eu não sei, juro para você. Mãe Nonô sumiu misteriosamente.

— Nenhum escravo some assim, principalmente uma velha como Nonô.

— Muito estranho, mas vou contar o que sei.

Falou de suas desconfianças, do seu arrependimento, das aparições do coronel Rodolfo e de suas ameaças, da descoberta do corpo de Tião, tentou contar tudo que sabia.

— Desde que apareceu aquele homem estranho por aqui, que Nonô sumiu.

— E você não ouviu nenhuma conversa dos dois?

— Não, juro, não fiquei sabendo de nada, tenho até medo do senhor, ele mudou muito, parece que o demônio tomou conta do seu corpo.

— Você sabe da sua parcela de culpa; foi avisada, mas estava cega com seu ódio.

— Perdoe-me, Oxalufam, ajude-me.

— Quem sou eu para perdoá-la? Reze, minha cara. E peça a nossa gente que a perdoe por sua maldade, eles é que sofreram nas suas mãos.

Ouviram o barulho da porta principal. Sebastiana pediu silêncio, levantou-se e devagar foi até a porta, abrindo-a lentamente.

— O amo está lá embaixo e está armado. Será que ouviu alguma coisa?

— Não, acho que não.

— Não faça nenhum barulho, vou ver o que está acontecendo, confie em mim.

Desceu lentamente com os pés descalços, sem fazer o menor barulho. Ficou olhando Frederico, que abria a porta principal. Um pouco atrás pôde ver quando ele colocou a mão na nuca. Um vento frio soprou do nada, fazendo-o gelar, sentiu uma pontada em sua nuca, e depois outra e mais outra, a dor começou a apertar, cada vez mais. Não conseguia pedir ajuda, sua cabeça começou a doer, tirando-lhe a visão; cambaleando, tentou voltar e subir as escadas, quando uma força o fez recuar, fazendo-o cair; com a mão amparando a cabeça, tentava abrir os olhos, para ver quem o empurrava. Enquanto Sebastiana assistia, escondida, a cena que jamais esqueceria. Os espíritos do Coronel e de Tião, impedindo sua passagem. Frederico gritava e tentava defender-se.

— Desgraçado, pensa que vai me matar? Eu mato você primeiro.

Puxou a arma e atirou na direção do vulto, que lutava com ele. O barulho do tiro fez com que Lucya e Oxalufam saíssem ao mesmo tempo do quarto, esbarrando-se no corredor. A escuridão e mesmo o susto que levaram não deixaram de permitir que o encontro fosse mágico. Seus corpos entrelaçaram-se num abraço repleto de saudade e cheio de desespero.

Frederico gritava por Sebastiana.

— Traga luz, matei o desgraçado. Desta vez eu o peguei.

Atônita, Lucya tentava desesperadamente entender o que estava acontecendo, a quem Frederico se referia, pois não poderia ser Oxalufam, que estava em seus braços.

— Esconda-se pelo amor que tem a seu Deus.

Sebastiana trazia o candelabro acesso. Aproximou-se, tentando ajudar Frederico que continuava caído, olhando para o degrau em que deveria estar um corpo caído.

— Não tem ninguém, senhor!

— Sua nega, olha direito.

— Senhor, nem sinal de sangue tem.

— Não é possível, tenho certeza de que acertei o desgraçado.

Gritando, transtornado, chamava por Lucya, que desceu correndo as escadas.

— Você o viu, não foi? E por isso ficou estranha, quando fechou a janela.

— Ele quem, Frederico?

— O maldito do seu pai. Não se faça de inocente, estão tramando para me matar.

— Pelo amor a Deus, lá vem você novamente com essa história absurda.

Frederico continuava a sentir dor, sua vista ficou embaçada, mas pôde ver o vulto passando por trás de Lucya, fazendo-a sentir-se mal. Apontou para ela, gritando:

— Está atrás de você, chame os homens, Sebastiana, ele está aqui dentro desta casa.

— Pare, Frederico, não tem mais ninguém aqui. Venha, vou ajudá-lo.

Frederico empurrou Lucya, jogando-a longe, fazendo com que batesse com a cabeça.

— Não quero sua ajuda, sei que é cúmplice de Rodolfo e juro que vou matá-los.

— Está precisando de um médico, é melhor escrever para seu filho, talvez ele possa ajudá-lo.

Sebastiana retornava com alguns homens, mas antes de chamá-los escondeu Oxalufam fora da casa grande. Estavam armados até os dentes, vasculharam toda a casa e nada encontraram. Durante o restante da madrugada, atormentou Lucya, torturando-a com perguntas e levando-a à loucura. Não suportando mais tanto desatino, sua cabeça começou a latejar insistentemente, tudo rodou ao seu redor, fazendo-a perder os sentidos.

Sebastiana perdera o controle que tinha sobre Frederico, sabia que a alma de Rodolfo estava interferindo diretamente na sua vontade e que agora corria risco de vida. Precisava da ajuda de Oxalufam, dos seus conhecimentos, só ele poderia desfazer todo o mal que ela fizera com aquela alma que agora implorava por vingança. Foi ao encontro de Oxalufam, que permanecia escondido.

— Tudo bem agora. Venha, vou tirá-lo daqui.

Após alguns minutos, já em segurança, Sebastiana pediu que Oxalufam dissesse o que poderia fazer para acabar com a magia negra que vinha usando há algum tempo contra toda a família, dizendo-se arrependida.

— Vou ajudá-la, mas antes terá de ajudar-me. Precisa descobrir sobre minha mãe, o que aconteceu, onde ela está.

— Mas, como?

— Não sei, pergunte a seu amo, faça qualquer coisa, senão poderá ser tarde demais para você. As forças do mal estão cobrando-lhe, e será a sua vida o preço de todo mal que fez a esta família.

— Por favor, Oxalufam, ajude-me, estou com muito medo.

Sem dizer mais nada, Oxalufam embrenhou-se no mato desaparecendo.

Sebastiana, durante os meses que se passaram, tentara de todas as formas descobrir o paradeiro de mãe Nonô, mas nada conseguira. O espírito do coronel Rodolfo não dava tréguas para ela nem para Frederico, que agora quase não parava mais na fazenda. Voltou a jogar, passava a maior parte do tempo nos salões de jogos, na tentativa de esquecer todo mal que aquela fazenda fazia a ele.

Lucya adoecera, perdera a esperança de tornar a ver Oxalufam, ficando enfraquecida e sem coragem para viver, sofrendo influência do espírito do seu pai. Ele, mesmo sem querer prejudicá-la, com a sua presença constante ao seu lado, tirava-lhe cada vez mais a energia.

Frederico não precisava mais mandar vigiá-la; seu abatimento deixava-o satisfeito, sentia-se vitorioso. Afinal, vencera aquela mulher, reduzindo-a a quase nada.

Naquela tarde, quando Sebastiana saía do quarto de Lucya, deparou-se com o espírito de Tião parado no parapeito da escada. Assustada, fez o sinal da cruz, perguntando:

— Homem, o que está fazendo aqui! Você está morto?

— Nega, nojenta! Vá cuidar da sua vida e deixe-me em paz, não pode mais fazer-me mal, mas eu posso.

Falou em um tom ameaçador, deixando-a apavorada; agora seriam dois espíritos para atormentá-la.

Tião deu uma risada debochada e desapareceu da mesma forma que surgiu.

Sebastiana desceu correndo as escadas e correu para a cozinha.

"Meu Pai Oxalá, o que vou fazer? Duas almas estão vagando cheias de ódio nesta casa e querem vingança. O que posso fazer, meu Deus? Como vou reparar todo meu erro?"

Ainda com a cabeça baixa na mesa, rezando, ela pôde ouvir claramente uma voz bastante familiar.

— Sebastiana! Eu já lhe perdoei, mas se está realmente arrependida por tudo que fez, ajude minha filha.

Levantou a cabeça olhando o vulto da Sinhá Melena, que se materializara bem à sua frente.

— Senhora! Meu Deus!

— Sou eu sim. Agora escute-me, preciso partir para seguir meu destino espiritual, mas para isso tenho de ajudar Lucya, e você vai fazer isso.

— O que devo fazer?

— Procure Oxalufam, diga-lhe quanto Lucya está doente. Precisa tirá-la desta casa, imediatamente.

— Onde ele está escondido?

— Perto da cachoeira. Quando chegar lá, comece a gritar pelo seu nome, ele escutará.

— Vou ajudá-la; por favor, perdoe-me. Não estava normal, encontrava-me possuída pelo ódio, não queria matá-la.

— Não cometeu minha morte, é que chegou a minha hora. Mas já a perdoei pelo mal que fez à minha saúde com suas ervas.

Naquela madrugada, Sebastiana esperou que todos estivessem dormindo e saiu sorrateiramente para a floresta. Faria o que prometera. Mesmo estando com medo, iria ajudar a Sinhá Lucya. Depois de caminhar bastante, conseguiu chegar à cachoeira. A noite estava escura, mas lembrou-se das palavras de Melena, "grite por ele", e foi o que fez. Já cansada de chamar pelo seu nome e achando que enlouquecera em acreditar até no que viu e ouviu, resolveu voltar, quando Oxalufam respondeu ao seu apelo.

— Fale, Sebastiana, estou bem perto de você.

— Oxalufam! Então é verdade, não estou louca.

— Se está louca eu não sei, mas diga: trouxe-me alguma notícia de minha mãe?

— Não de mãe Nonô, mas é sobre Sinhá Lucya.

— Lucya! Fale logo, o que está acontecendo?

Sebastiana sentou para contar-lhe tudo com calma, e sem perceber como, Oxalufam já estava ao seu lado.

Narrou todos os últimos acontecimentos, falou sobre a aparição da Sinhá Melena e do seu pedido.

— Precisamos tirá-la daquela casa, e bem rápido. Pelo que entendi, essas almas estão usando sua energia para manter-se presas naquela casa, e, sugando-a, conseguem força suficiente para se vingar. Vão levá-la à morte.

— Mas como isso é possível?

— Agora não posso explicar, temos de pensar em como vamos tirá-la de lá.

— Pedindo ajuda aos seus protetores, tenho certeza de que eles vão nos ajudar.

— Aguarde-me, Sebastiana, falarei com mãe Oxum e pedirei sua ajuda. Assim que tiver uma resposta, vou procurá-la.

Enquanto isso, na fazenda, Frederico não tinha um minuto de paz. Os dois espíritos de Tião e Rodolfo perturbavam-no, não lhe dando trégua. Seus nervos estavam à flor da pele; seu semblante duro e sombrio sentia-se impotente, não conseguia entender o que estava acontecendo afinal. Tião ele mesmo havia matado, como poderia estar vivo, vagando em sua casa? Quase enlouquecia procurando resposta e, como não a encontrava, descontava toda sua raiva em Lucya.

Como não a usava mais para satisfazer seu instinto animal, passou a usar Sebastiana freqüentemente, e todo seu ódio e frustração em não poder realizar seu sonho de ser pai novamente, desforrava nela, sem dó nem piedade, chegando ao máximo do sadismo, usando de torturas para satisfazer-se; e quanto mais ela chorava, mais excitado ficava. Realmente, ela estava pagando por todos seus erros, mas não reclamava, agüentava tudo calada, pelo menos ele havia deixado Sinhá em paz. Sentia-se bem em poder ajudá-la de alguma forma.

Sem encontrar um modo de tirar Lucya daquela casa, Oxalufam torturava-se em preocupação; as notícias sobre o estado de saúde dela não eram animadoras. Mesmo que a seqüestrasse, como poderia sobreviver em uma gruta? Suplicava à mãe Oxum, até que obteve a resposta, que tanto pedia em suas preces.

— Meu filho, o amor conforta e reanima, ela sobreviverá em minha gruta.

A imagem desfez-se, deixando-o cheio de esperanças.

— Se mãe Oxum assim o quer, é o que farei, vou trazê-la para a gruta, e seja feita a vontade dos deuses.

Colocaria seu plano em dia, contando com a ajuda de Sebastiana. Esperaria o dia certo e o momento ideal para tirá-la daquele inferno.

Enquanto isso, em seu leito, Lucya rezava, pedindo a Deus que a levasse. Anêmica e enfraquecida espiritualmente, nada mais importava para ela, só a morte a faria feliz.

Sebastiana tentava reanimá-la, por várias vezes tentou lhe falar dos planos de Oxalufam, mas Lucya não acreditava nela, viravalhe as costas e não ouvia uma palavra que dizia.

Naquela noite, Lucya ouvia a voz de mãe Nonô. Tentou levantar-se do leito, mas estava muito fraca e não aguentou.

— Sinhá, ouça-me, preciso lhe falar!

— Mãe Nonô, onde está? Não consigo vê-la.

— Estou um pouco perdida, minha Sinhá, mas meu filho pode ajudar-me. Conte a ele que falei com você.

— Perdida, como?

— Está escuro, não consigo enxergar o lugar, quero me mexer e não consigo, alguém está segurando mãe Nonô.

— Vou levantar, vou ajudá-la.

— Não, Sinhá, você não pode ajudar Nonô, só Oxalufam, fale com ele.

— Como, se não sei onde ele está? Não consigo mais levantar da cama, não tenho forças e minha cabeça dói muito.

— Eu sei, minha filha, mas o destino vai encarregar o encontro de vocês, confie em Deus. Estou ficando fraca, Sinhá, não vou mais conseguir falar com você.

— Mãe Nonô, não vá embora!

O silêncio tomou conta do quarto, Lucya não ouvia mais nada. Chamou por Sebastiana, que assim que a ouviu subiu correndo até o quarto.

— Chamou, Sinhá?

— Sebastiana, tem me parecido diferente de uns tempos para cá. Posso estar enganada, queira Deus que não esteja, mas não sei mais a quem recorrer.

— Fale Sinhá, pode acreditar em mim, não estou mais louca de ódio, eu mudei e estou arrependida.

— Estive falando com mãe Nonô, agora em meu quarto...

— Mãe Nonô! Como, Sinhá, ela esteve aqui?

— Eu não sei, não consegui vê-la, só escutei sua voz.

Sebastiana fez uma cara de espanto, levou a mão à boca para não gritar, pois o relato de Lucya deixava claro para ela que mãe Nonô não estava mais naquele mundo, fazia parte do mundo dos espíritos.

— Continue, Sinhá, conte-me tudo.

E foi o que fez.

— E agora ela quer que eu fale com Oxalufam, mas não sei como.

— Escute, Sinhá, vou contar-lhe tudo que tem acontecido, estive com Oxalufam...

Conversaram por bastante tempo. Sebastiana contou tudo que sabia e falou-lhe que aguardava notícias dele para tirá-la daquela casa. Atordoada com tantos fatos, sem entender direito o que ela falava sobre os espíritos que a atormentavam, tirando-lhe suas energias, sua cabeça doía.

— Preciso dormir, minha cabeça está doendo muito, estou confusa, não consigo entender nada do que está falando.

— Vou preparar um chá para Sinhá e vai melhorar.

Penalizada de ver uma mulher tão bonita e tão boa, sofrendo em uma cama, pálida e tão doente por maus-tratos, Sebastiana ficou com os olhos cheios d'água, contorcendo-se de tanto remorso. Elevou os pensamentos ao céu, colocando sua mão na cabeça de Lucya e rezou, implorando a Deus que a ajudasse. Logo depois que ela adormeceu, Sebastiana saiu.

Naquela noite, Frederico voltou tarde dos salões de jogos. Havia perdido uma grande fortuna, estava bêbado e nervoso. Ao passar pelo quarto de Sebastiana, ouviu gemidos e resolveu entrar para usá-la. Encontrou-a passando mal; em uma bacia depositava restos de comida que ainda tinha no estômago. Ele reparou que sua barriga estava maior, e, com os olhos arregalados, e cheio de dúvidas, começou a gritar:

— O que significa isso?

Apontou para sua barriga. Sebastiana, apavorada, não conseguia responder, continuava passando muito mal.

— Fale sua negra, está grávida? Pensa que quero um filho preto, sua vagabunda?

Batia em Sebastiana, que chorava implorando piedade.

— Não, senhor! Por piedade, não chute meu filho.

— Não quero esta criança, escondeu de mim, mas não permitirei que nasça.

Continuava batendo, chutando sua barriga até que ela perdeu os sentidos. Lucya acordou com seus gritos e o choro de Sebastiana, que implorava piedade. Com muita dificuldade, conseguiu forças para levantar e andar até o quarto. Quando abriu a porta e viu a cena monstruosa de Frederico, pediu a Deus que a ajudasse, pois não poderia permitir que ele a matasse.

— Pare, senhor! Não faça isso, por Deus!

— O que está fazendo aqui, sua metida, não deveria estar na cama, morrendo, como sempre?

— Homem, por Deus, pelo seu filho, não faça isso.

— Saia imediatamente.

— Frederico, deixe-me ajudar, não mate esta criança, Deus não o perdoará.

— Deus! Não tenho Deus algum.

— Então deixe que ela fique com ele. Quando o bebê nascer, tomarei conta. Prometo que ninguém saberá que esta criança é seu filho. Se ele nascer branco, diremos que é de um capataz, ninguém ficará sabendo; se for negro, diremos que é filho de escravos. E não carregará mais esta alma na sua consciência.

Frederico, por fração de segundos, parou para pensar e achou melhor fazer o que Lucya pedia; andava perturbado com as coisas que andavam acontecendo, ficou pensativo.

— Vou chamar o capataz para levar esta mulher. Ficará presa nos grilhões da senzala. Que não saia de lá enquanto este filho não nascer, depois pensarei no que fazer com os dois.

Aliviada por ter convencido aquele homem em não cometer nenhuma monstruosidade, e já sem forças para continuar de pé, tentou voltar para o quarto, quando Sebastiana, toda machucada, foi ao seu encontro, ajudando-a a voltar para leito.

— Obrigada Sinhá, fique tranqüila, conseguirei falar com Oxalufam. Não esqueça, ele vai tirá-la daqui.

— Cuide de você e desta criança, não se preocupe comigo.

— Procure agüentar mais um pouco, tudo isso vai acabar, confie em mim, Sinhá.

Logo depois, o capanga levava Sebastiana para a senzala. Frederico entrava no quarto, ainda com ódio no rosto. Encontrou Lucya dormindo, seus olhos faiscavam de raiva, dava medo só de olhar, seus pensamentos eram piores ainda.

"Desgraçada, ela é que deveria me dar um filho, não a negra, mas nem para isso serve. Agora finge que está doente, pensa que me engana, vou acabar com essa farsa."

Começou a sacudi-la, gritando pelo seu nome.

— Lucya! Acorde sua vagabunda.

Assustada, abriu os olhos, deparando-se com a figura personalizada do demônio à sua frente.

— Por Deus, largue-me, minha cabeça dói muito.

— Chega de fingimento mulher, agüentei sua mentira por muito tempo, agora acabou, será minha e terá de ter um filho de qualquer maneira.

— Por Deus, não!

Possuiu-a com tanta fúria, possuído do mal, que só as forças do bem poderiam ajudá-la naquele momento. Sendo avisado por Oxum que Lucya corria risco, Oxalufam correu como um louco para ajudá-la. Com a proteção das entidades, ninguém cruzou seu caminho, já era tarde, e os poucos homens que estavam acordados, encontravam-se ocupados na senzala, cumprindo as ordens de Frederico.

Entrou pela casa grande como um louco, subiu as escadas, tentando achar a porta do quarto. Quando ouviu um leve gemido, abriu-a com tanta violência que chegou a arrancá-la. Encontrou Lucya semi-despida, tremendo e gemendo de dor, medo e vergonha. Caído do lado estava Frederico, em um sono pesado, parecendo um porco roncando; teve ímpeto de matá-lo, mas Lucya não permitiu.

— Não faça isso, será um assassino, ele não merece.

— Não me importo com mais nada, veja o que ele fez com você.

— Ajude-me.

— Vista este roupão, Sinhá, vou tirá-la daqui.

Cansado e bêbado, mal conseguia levantar, quando abriu os olhos e pôde ver que o negro levava Lucya em seus braços; tentou gritar, levantar para pegar a arma, mas não conseguiu, uma força sobrenatural segurava-o na cama. Exausto, desmaiou, dando tempo suficiente para que os dois pudessem fugir.

O grito de ódio acordava todos na fazenda. O capataz e seus capangas acordaram assustados e foram correndo para a casa grande; os escravos da casa já estavam de prontidão, olhando espantados para seu senhor, que no alto da escada gritava como um louco.

— Bando de incompetentes, o negro fugido esteve aqui esta noite e levou Lucya. Onde estavam todos vocês?

— Como, senhor? Já devia ser muito tarde, pois ficamos de guarda até alta madrugada, não ouvimos nada.

— São uns palermas, tenho só incompetentes trabalhando aqui. Calem a boca e tratem de agir, juntem mais homens, contratem, se for necessário, mas quero aquele negro vivo ou morto.

— Não acha melhor chamarmos pessoas competentes, dar parte na cidade? Afinal, ele roubou a Sinhá.

— Não quero pessoas da cidade aqui. Afinal, para que servem vocês? Coloquem cães rastreadores, mais homens. Andem, por que estão parados? Quero ele antes de o sol se pôr. Não devem estar longe, Lucya não podia caminhar.

Dias de procura, a fazenda tornara-se um campo de guerra, homens iam e vinham armados, cães ferozes latiam em busca dos fugitivos, rastreando as matas, mas nada, continuavam desaparecidos.

Frederico enlouquecera de vez, transformara-se em ódio; sua alma era a personificação do mal, ninguém o reconhecia mais. Imaginava sua mulher em poder do negro e deixava-se levar pelo ciúme. Tinha pesadelos, vendo Lucya nos braços do negro. Sempre tivera dúvida, desde antes do casamento, quando Lucya desapareceu, sendo encontrada em seus braços. Cultivara um ciúme, sua intuição avisava que havia algo entre os dois, mesmo que rejeitasse a idéia por ele ser um negro e escravo, mas sua intuição dizia que os dois se amavam.

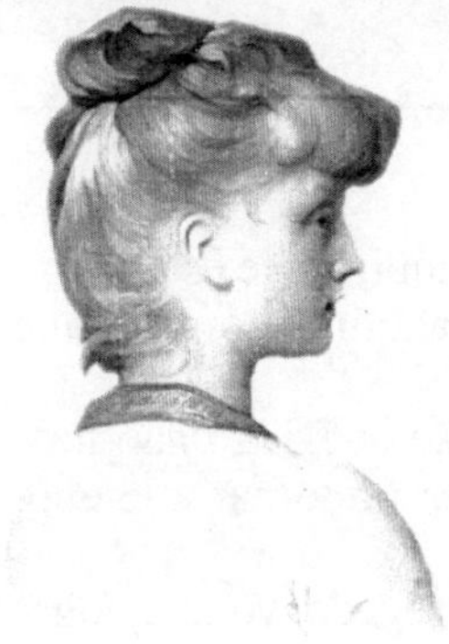

Capítulo IV

Fatalidade

A muitos quilômetros de distância, em uma fazenda de criação de gado, reinava a paz. Diogo e Martha eram felizes, dirigiam os escravos que ali trabalhavam sem tortura e com dignidade, o que proporcionava a todos os negros prazer em pertencer a seus donos. Martha era a esposa perfeita, estava grávida de quatro meses, pouco lembrava de sua irmã, e muito menos falava em tornar a revê-la, não que não gostasse dela, mas tinha ojeriza só de pensar em retornar à terra em que nascera. Fazia questão em dizer que não tinha passado, e que sua família morrera.

Diogo era um marido calmo e meigo, gostava de Martha e a respeitava; mesmo sem amá-la, não deixava que ela se sentisse rejeitada por ele. Dedicava-se ao trabalho e à esposa, seu coração doía de saudade, lembrava do pai constantemente e Lucya sempre estava em seus pensamentos. Procurava não falar com Martha do seu desejo de rever o pai, sabia quanto ela renegava esta idéia; entretanto, aguardava o nascimento da criança para falar-lhe sobre seu desejo e convencê-la a visitar a fazenda. Naquela tarde, uma carta chegou até Diogo; reconhecendo que era do seu pai, abriu ansioso. Leu-a e, com a fisionomia preocupada, foi para casa falar com Martha.

— Meu amor, já está em casa. Aconteceu alguma coisa?

— Leia você mesmo.

Diogo estendeu a carta para Martha que, olhando para seu rosto de preocupação, pôde deduzir do que se tratava. Após alguns minutos, olhou para ele, aguardando sua decisão.

— Preciso ir até lá, conheço papai, deve estar acontecendo alguma coisa ruim, ele jamais pediria minha presença se não fosse sério.

— Entendo sua preocupação, mas eu não gostaria de ir.

— Como! Não poderei deixá-la sozinha aqui, neste estado.

— Estou bem, meu amor, pode viajar tranqüilo, só peço que volte antes de nosso filho nascer.

Como ela estava realmente decidida a não ir, Diogo não teve outra saída, viajaria o mais rápido possível, para retornar a tempo, antes de seu filho vir ao mundo.

— Está certo, minha esposa, pode ficar sossegada. Voltarei logo.

A quilômetros de distância daquela fazenda, em uma cidade grande, onde se decidia naquela época o destino dos escravos, Gustavo tornara-se um homem com bastante prestígio e com algum poder perante os governantes. Sua situação financeira era boa, mas seu poder de persuasão era muito maior; falava muito bem, conseguia ser ouvido por todos e era respeitado. Tornara-se um grande homem, aprendera com a vida a reconhecer seu talento e aproveitá-lo com honra e honestidade.

Por muitas vezes, tentara saber notícias de sua família, porém pouco ficou sabendo; aguardava o momento certo para ir visitá-los, mas não podia se ausentar naquele momento, lutava por uma causa desde que fora para longe lutar por uma nova vida, dedicara-se às causas dos escravos, e encontrava-se em um momento crucial da sua luta.

Montara um jornal, ao qual dedicava seu tempo integralmente; comprou uma bela casa, e vivia para a causa e seu trabalho, retornando ao lar, onde uma negra velha cuidava de tudo, dando-lhe conforto e carinho. Havia um jovem negro que comprara nas suas andanças antes de chegar à cidade, quando o viu ainda garoto ser maltratado por um homem sem escrúpulos. Ensinara-o a ler e escrever, fazendo daquele menino um rapaz inteligente e educado para sua condição de negro. Como não sabia dizer seu nome, Gustavo chamava-o de Pedro.

Pedro ficou muito grato por tudo que seu amo fez por ele; tornaram-se amigos, e ele passou a ser uma companhia constante nas noites de frio, quando Gustavo ficava na sua solidão, olhando para o nada, recordando seu passado, triste com a distância dos seus familiares. Conversavam sobre vários assuntos, o que deixava Pedro cada vez mais culto e entendido em leis e política.

O sentimento que os unia era profundo, desde que se encontraram pela primeira vez. Gustavo não sabia explicar, mas quando viu aquele negrinho apanhando, seu coração apertou tanto, que pagou o preço que seu dono exigiu para vendê-lo, sem pestanejar. E desde então, nunca mais se separaram; apesar da diferença de idade, entendiam-se perfeitamente. Foi quando Pedro contou-lhe o que recordava de sua infância, pequenas imagens, não lembrava da imagem de sua mãe, só das suas lágrimas quando um homem separou-o do seu colo, vagas lembranças da cozinha em que sua mãe trabalhava, e uma mulher branca que sempre lhe dava o que comer para que ficasse bem quietinho.

Voltemos agora para o lado da vida, onde nada importa. A maldade, a ganância, a vaidade, o ódio, o vício, a mentira, o bem e o mal, as almas perdidas, a fome, a escravidão e a fé fazem o contraste deste lugar, onde a miséria humana luta na tentativa de sobreviver a tanta falta de amor ao próximo.

Enquanto isso na gruta, Oxalufam lutava para salvar a vida de Lucya; com ervas e muita prece, pedia ajuda a seu Deus, para que orientasse suas mãos, abençoando-a na cura do mal que a consumia. Durante aqueles dois meses em que todos procuravam pelos fugitivos, ela permanecera quase em coma, sendo vigiada por ele dia e noite, não se afastando para nada, a não ser para pegar alimentos na natureza, onde fazia caldos fortes alimentando-a pela boca, pacientemente.

Cansado de gastar tanto dinheiro na caça dos dois, Frederico não se conformava com o desaparecimento por tanto tempo, sem ninguém encontrar nenhum sinal ou vestígio. Seu ódio transformara-se em obsessão, não descansaria um minuto sequer de sua vida, enquanto não os encontrasse, um juramento que fez para si próprio.

Sebastiana continuava na senzala, sua barriga estava grande, faltava pouco para dar à luz, dentro de mais seis luas a criança nasceria. Poucas vezes viu Frederico, o que a deixava mais tranqüila, pedia a Oxalá que ele a esquecesse, como a seu filho, e tremia só em pensar o que aconteceria quando ele nascesse.

Fraca e mal alimentada, sua saúde não estava boa; as negras tinham pena em ver seu sofrimento, esqueceram suas maldades anteriores e cuidavam dela na medida do possível. Havia noites em que era perturbada pelo espírito de Rodolfo, que não a perdoava e mantinha-se sempre ao seu lado, sugando-lhe as energias e atormentando-a com palavras de vingança e ameaças de que tomaria a alma do seu filho para si.

Naquela noite, algo de sobrenatural pairava no ar. Oxalufam sentiu que uma força maior se fazia presente em sua gruta; olhou para Lucya que continuava desacordada, com aparência cadavérica, ajoelhou-se ao seu lado e pediu:

— Senhor Deus de Lucya, que acredito ser o mesmo pai Oxalá que conheço e tenho fé. Rogo-lhe para que tenha misericórdia com sua filha, que acredita tanto em sua magnitude.

Um clarão fez-se em sua frente ofuscando seus olhos. De repente uma imagem materializou-se em frente a eles.

— Sou a mensageira do Deus de Lucya, como assim oraste, Oxalufam. E aqui estou em nome dele para ajudá-los. Concentra-te em tuas orações, pois tirarei Lucya do estado em que se encontra.

Dizendo isso, estendeu sua mão, e um raio de luz dourada caiu por cima dela. Como por encanto ela se levantou, olhando tudo ao seu redor, assustada por não conseguir lembrar de nada que acontecera. Aquele bela imagem de mulher desapareceu, dando passagem para a imagem de Melena, que olhava para sua filha com compaixão.

— Mãe! Meu Deus, é a minha mãe.

— Sim, minha filha, sou eu mesma. Graças ao mestre maior, que me permitiu que viesse ajudá-la. Assim terei a oportunidade, com a ajuda de vocês, de consertar tantos erros que cometi nesta vida com minha omissão.

— Mas como pode, não entendo.

— Não precisa entender agora, o que importa é que acredite que Deus está sempre ao nosso lado, e que a vida continua, não acaba só nesta. Oxalufam poderá explicar melhor para você.

Quando ouviu seu nome, ela olhou para o lado e lembrou-se de tudo que acontecera. Emocionada, falou;

— Meu amigo, devo minha vida a você.

— Não, Sinhá, eu é que lhe devo muito. Fez sempre boas ações para o meu povo, e somos muito grato por tudo.

Por fração de segundos, esqueceram da presença de Melena, mas logo se voltaram para sua direção.

— Escutem, vocês dois. Temos muito trabalho daqui para a frente. Oxalufam, precisa fazer Lucya ficar forte com suas ervas, para que possam ajudar Sebastiana, que dentro de seis luas dará à luz um menino.

— Como poderemos ajudar, se estamos escondidos?

— Confie em Deus, ele sempre sabe o que faz. Oxalufam, antes desta criança nascer, será necessário que ajude Sebastiana a vencer o espírito de Rodolfo, que está cego; por várias vezes tentei abrir seus olhos, mas não consigo, pois está cercado por forças do mal que não permitem minha aproximação. Assim não consigo convencê-lo do seu erro; precisamos do seu conhecimento para afastar este mal que domina o seu espírito, que a cada dia que passa está mais perdido e perturbado de tanto ódio.

— Preciso descobrir onde está minha mãe, vou precisar da sua ajuda.

— Isto não vai ser possível, Oxalufam. Nonô não está mais neste plano espiritual.

— O que aconteceu? Por favor, diga-me.

— A mesma força do mal que domina Rodolfo está prendendo Nonô em um plano que não sei como localizar.

— Como assim, o que está acontecendo?

— Eu não tenho conhecimento, meu filho, mas o que sei é que precisa ajudar Sebastiana e sua criança; somente assim terá respostas sobre Nonô.

— Com ajuda de Oxalá, vou conseguir.

— Que seu Oxalá o proteja; seja rápido, não temos muito tempo, preciso livrar Rodolfo destas forças, para que os mestres o preparem para reencarnar.

Melena despediu-se da filha, que, emocionada com a descoberta da vida após a morte, chorou nos ombros de Oxalufam.

— Jamais poderia imaginar que fosse possível ter vida após a morte, que o espírito continua. Oxalufam, pensei que fôssemos feito só da carne.

— É, Sinhá, é verdade, isso que cobre nosso espírito é matéria.

— Será possível que já vivemos uma outra vida?

— Vou explicar para a Sinhá tudo o que aprendi com minha mãe e com os orixás que me protegem.

— Mas antes gostaria que me chamasse de Lucya.

— Está certo.

E assim Oxalufam fez. Cuidou de Lucya com ervas para que se fortalecesse e juntou tudo que precisava para desfazer a magia negra com que Sebastiana fizera todas as suas maldades. Com ajuda das forças brancas e vários rituais de magias, Oxalufam trabalhou durante sete dias de lua cheia, conseguindo com sua força e fé desfazer o mal que perseguia o espírito de Rodolfo, enfraquecendo-o por meio de preces e esclarecimentos. No último dia do ritual, Sebastiana recebera a visita de Rodolfo que, durante aquele tempo em que Oxalufam trabalhou, não a perturbara.

— Nega, está livre de mim!

Olhando para ele, ela percebeu que sua fisionomia estava mudada, seu rancor ao falar era menor, já não via tanto ódio em seus olhos, e sombras negras que sempre estavam ao seu lado não o cercavam mais.

— Que Oxalá seja louvado!

— Agradeça ao seu amigo, o negro de Nonô.

— Oxalufam conseguiu! Eu sabia, só ele e mãe Nonô conseguiriam desfazer todo o mal que fiz.

— Agradeça só a ele. Agora chega de conversa, tenho de partir; não a perdoei, mas não vou incomodá-la mais.

Dizendo isso desapareceu, deixando Sebastiana aliviada. Alisou a barriga que mexia insistentemente, como se o seu filho também agradecesse. No plano espiritual, o vulto de um irmão com muita luz pegava Rodolfo pela mão, levando-o embora dali.

Alguma coisa havia mudado na fazenda, todos perceberam essa mudança; não que a mudança fosse muito, mas o ar que respiravam estava mais leve, até Frederico encontrava-se mais calmo, com a fisionomia menos diabólica, mas sua obsessão para encontrar Lucya continuava e a cada dia aumentava mais. Na tentativa de aplacar sua ira por ainda não os ter encontrado, ele mergulhava na maior parte do tempo nos salões de jogos, que o estavam levando à falência.

O espírito de Tião continuava vagando na casa grande, e tudo fazia para perturbar Frederico, usando telepatia para convencê-lo a jogar cada vez mais; não sossegaria enquanto não visse seu assassino totalmente perdido; sua vingança seria muito maior ainda, seu maior objetivo era trazê-lo para seu lado.

Diogo estava a caminho, deixara sua mulher com peso no coração, sofrendo por sua ausência. Encontrava-se triste, alguma coisa incomodava sua alma, não se sentia feliz em ter tomado a decisão de voltar para aquelas terras, mas não poderia ignorar a carta do seu pai. Uma inquietação tomou conta de Diogo, não conseguia entender o que estava acontecendo nem o porquê de tanta agonia em seu peito. Quando estava se afastando da fazenda, teve um pressentimento ruim, a nítida sensação de que não voltaria.

Um grande temporal aproximava-se da fazenda. Os negros estavam apavorados, corriam de um lado ao outro tentando juntar os balaios de café colhido que voavam em todas as direções; os cavalos dos capangas empinavam-se assustados com os trovões; as negras da casa grande não sabiam mais o que fazer; janelas e portas batiam por todos os lados, objetos caíam ao chão, quebrando-se. Elas gritavam uma para a outra na tentativa de salvar as louças, que se espatifavam no assoalho. O vento uivava tão alto que impossibilitava que ouvissem umas às outras; o céu estava negro como a noite, carregado de nuvens pesadas, dando um aspecto sobrenatural. Fazendo o sinal-da-cruz, eles pediam ajuda aos deuses da sua fé, entendiam que o mensageiro dos ventos trazia más notícias.

Pela força dos trovões, pai Xangô estava zangado e faria justiça, e as águas que cairiam torrencialmente seriam as lágrimas de Iansã, implorando malembe para seu filho. Era a crença dos negros naquele momento. No meio de tanta confusão, nem perceberam que uma carruagem se aproximava da porta principal. Lutando com o vento, Diogo tentava tirar as malas, que teimavam em não sair do lugar, e lutando ainda mais quando conseguiu pegá-las para chegar até a porta e a abri-la.

— Graças a Deus cheguei a tempo, não pensei que fosse conseguir.

A escrava voltou reconhecendo a voz.

— Senhor, que surpresa!

— Como vai? Meu pai não está?

— Não, senhor, ele saiu bem cedo e ainda não voltou.

— E Sinhá Lucya?

— Sinhá! Bem eu não sei dizer, não, senhor.

Diogo percebeu seu nervosismo quando perguntou por Lucya, e tornou a perguntar.

— Cadê a Sinhá?

— Não sei, senhor, eu não sei.

Achou tão estranha a maneira de a escrava falar, que subiu as escadas indo em direção ao quarto. Bateu na porta levemente, tornou a bater mais forte, e nada. Abriu. Olhou tudo ao redor e nem sombra de Lucya. Voltando para a sala não encontrou mais a negra. Sentou e tentou acalmar-se, pegou uma leve bebida e aguardou por seu pai e Lucya. Sentia-se mal, o ar estava pesado; as janelas, todas fechadas, tudo escuro, tentou afrouxar a camisa e a gravata, suava frio, o vento estava mais forte, as velas não conseguiam ficar acesas, pois por algum lugar ainda entrava vento, apagando-as. De repente, teve certeza de que havia alguém na sala, chamou por Lucya e por seu pai, e nenhuma resposta; chamou pelos empregados, mas ninguém respondia. Continuava a suar frio, estava intranqüilo, não entendia o que estava acontecendo. Aquela sala estava tão estranha para ele, que poderia jurar que entrara na casa errada.

Deitada e adormecida, Lucya parecia não se incomodar com o temporal que se armava do lado de fora; sonhava tranqüilamente, chegando a esboçar um leve sorriso nos lábios. Oxalufam velava seu sono, e com respeito sonhava de olhos abertos.

"É uma deusa, como é linda, e eu amo esta mulher como jamais poderei amar alguém nesta vida."

Lucya começou a ter pesadelos, seu sono tranqüilo tornou-se agitado, debatia-se, chamando pelo nome de Diogo. Oxalufam aproximou-se, tentou acordá-la, mas esta continuava a debater-se suando frio, com voz inteligível pronunciava palavras de ajuda.

— Saia daí, Diogo, vá embora. Diogo, vá embora.

Oxalufam conseguiu entender suas palavras e percebeu que ela estava tendo um aviso, preferiu não interferir, permanecendo ao seu lado em silêncio.

Enquanto isso, na casa grande, Diogo, cansado da viagem, adormecera sentado na sala, aguardando por alguém. O vento cessara dando lugar aos trovões e à chuva torrencial que desabava; os clarões dos raios eram a única iluminação; o barulho do cavalo relinchando do lado de fora fez com que Diogo abrisse os olhos; o barulho da porta abrindo-se deu-lhe a certeza de que alguém chegava. Tentando ver algo naquela escuridão, foi tateando as paredes na esperança de chegar mais perto para ver quem chegava. O barulho da chuva misturado com os dos relâmpagos não permitia que Frederico, bêbado, escutasse a voz do seu filho chamando-o.

— Pai, é você?

O clarão repentino do raio iluminou precariamente, deixando-o ver um vulto de um homem vindo em sua direção com os braços abertos. Frederico, sem pensar, pegou sua arma de fogo que estava sempre em sua cintura, apontou em direção do vulto e puxou o gatilho com a pontaria perfeita em seu coração.

— Morre, desgraçado, pensou que conseguiria me matar, desta vez não vai me escapar.

O som do tiro misturou-se com todos os sons fúnebres que faziam naquela noite. Frederico viu o corpo cair, sentiu o imenso prazer da vitória; rindo em gargalhadas, aproximou-se, com os pés virou o corpo para que pudesse vê-lo melhor; o raio se fez naquele momento, dando-lhe a luz necessária para que seus olhos nunca mais pudessem esquecer a cena do seu filho morto, caído no chão, com o filete de sangue correndo por seus lábios.

A dor que subiu pelo seu peito, o grito que ficou preso em sua garganta, o desespero em não querer acreditar em seus olhos, imaginando ser uma alucinação ou delírio ocasionado pela bebida. Ele jogou-se por cima do corpo, levantando-o para olhar de perto a terrível descoberta da verdade.

— Não! Não! Meu filho, não! Por quê, Diogo, por quê?

Seu grito de desespero era mais forte do que qualquer som estridente do trovão; o som de dor de um pai ecoou por toda a fazenda, fazendo com que os escravos se arrepiassem ao ouvi-lo. Os que trabalhavam na casa grande correram para ver o que acontecia. Ao chegar na sala, viram no meio da escuridão, entre os clarões que faziam de vez em quando, a cena mais triste de todos os tempos de inferno naquela fazenda. Compadecidos pelo sofrimento que Frederico demonstrava, ficaram olhando-o tornar a pegar a arma de sua mão, mirá-la na cabeça e puxar o gatilho.

Lucya despertava do seu pesadelo, gritando por Diogo e chorando compulsivamente.

— Calma, Lucya, foi um pesadelo, não fica assim.

— Oxalufam, foi real, tenho certeza de que aconteceu alguma tragédia lá na fazenda. Em meu pesadelo vi Frederico atirando em Diogo.

— Tem certeza? Será que não foi só um pesadelo?

— Não, foi real demais para ser só isso.

— O que quer fazer?

— Precisamos voltar para lá, precisamos.

— Está certo, mas vamos esperar o temporal passar.

E assim, depois desta tragédia, deu-se o fim do inferno que fora a vida de Lucya e Frederico, as marcas de tanto sofrimento ficariam marcadas em seu coração e em sua saúde para sempre; enquanto fosse viva, sentiria em suas dores de cabeça a lembrança dos momentos infelizes que teve de suportar, restando-lhe a esperança de fazer a vida de toda aquela gente que dependia dela mais feliz, esquecendo e fazendo-a suportar as dores constantes. Com a ajuda fiel do negro Oxalufam, que sempre estaria ao seu lado ajudando-a a dirigir a fazenda de café com bondade e compreensão para com seu povo tão sofrido e cansado de ser escravo, dando-lhe a oportunidade de viver e sentir-se seres humanos.

Depois do enterro dos dois, Lucya foi comunicada que seria a única herdeira dos bens de Frederico e que as propriedades que Diogo tomava conta permaneciam em nome do pai, sendo, portanto, ela a única herdeira. Foi comunicada também de que ele fizera muitas dívidas de jogo e que ela teria de comprometer-se a pagar; fariam o levantamento de tudo e que em breve saberia de quanto era o montante. Sua cabeça não parava de doer, não conseguia raciocinar, a única coisa que queria era dormir. Pediu a Oxalufam que a levasse para casa e saiu do cemitério da cidade, retornando à casa grande.

— Oxalufam, preciso muito de você, prometa que vai ficar sempre ao meu lado.

— Eu prometo, Lucya, sabe que jamais a deixaria sozinha, sempre serei seu fiel amigo.

Seus olhos cruzaram-se quando falou; o silêncio do amor que sentiam um pelo outro continuava em seus corações, nunca revelaram seus sentimentos, mas sabiam o quanto se amavam. Lucya olhou-o com doçura, tentou dizer-lhe como o amava, porém foi interrompida por ele, não tendo oportunidade mais uma vez.

— Não, Lucya! Não diga nada, não importa. Eu sei o que sente por mim. O que importa é o seu coração e o que está dentro dele. Agora vamos, está muito abatida e precisa descansar.

Um ano após muito trabalho para vencer as dificuldades, Lucya permanecia fiel ao seu amigo e aos negros da fazenda, que tudo faziam para ajudá-la a superar a praga do café e tentar pagar as dívidas que Frederico deixara. Martha ainda permanecia nas terras em que vivia com Diogo, recusava-se a voltar para a fazenda e viver ao lado de Lucya, que tudo fez para que ela retornasse. Como não conseguiu convencê-la, deixou-a com tudo que fora de Diogo.

Sem ter ninguém para ajudar, Martha não estava conseguindo, não conhecia nada sobre gado, nunca se interessara em aprender como lidar com as doenças que atacavam o rebanho, e que agora haviam se alojado naquele lugar. Não tinha controle sobre os escravos, e as dívidas estavam cada vez maiores, embora lutasse com todas as forças para conseguir vencer. Entretanto, desde que Diogo morrera, não era mais a mesma, havia perdido o interesse e tentava apenas manter-se viva para criar sua linda filha, que nascera logo após a tragédia.

Sebastiana dera à luz um menino, moreno claro, quase branco; suas feições eram as do pai, qualquer um que o conhecera diria a mesma coisa. Lucya tratava-o como se fosse seu filho, existia entre os dois um amor recíproco; em homenagem a Diogo, ela colocara o mesmo nome, Sebastiana o chamava de Neco, para lembrar do filho nunca esquecido, que fora arrancado dos seus braços.

Naqueles dois anos, apesar das dificuldades financeiras, dos transtornos na plantação devido às pragas que insistiam em atacá-la, das dívidas de jogo que Lucya tentava resgatar, a paz reinava na casa grande. Sentada no fim da tarde no jardim conversava com Oxalufam, que fiel e apaixonado tornou-se inseparável, não deixava Lucya sozinha, sempre estando ao seu lado, temendo a dor que insistia em aparecer de repente e a deixava totalmente alucinada, com tanto sofrimento que a atacasse sem a sua presença.

— Meu amigo, não sei o que seria de mim se não fosse você. Como agradeço a Deus por ter-me permitido sua companhia.

— Lucya, minha querida, nada tem a agradecer, bem sabe quanto fico feliz por tê-la ao meu lado.

— A verdade, Oxalufam, é que nunca permitiu que eu dissesse quanto preciso de você, quanto o quero.

— Eu sei, não precisa dizer, sempre soube, desde o dia em que seus olhos falaram dos seus sentimentos, e isso basta para meu coração. É para protegê-la que não permito que diga nada sobre nós.

— Não me importo com o que vão dizer, não me importo com nada nem ninguém que venha recriminar-me, já sofri muito nesta vida, e ninguém se importou, só você e mãe Nonô.

— Minha mãe! Como gostaria de saber o que aconteceu. Por mais que eu reze e peça ajuda aos orixás, não tenho resposta. Sonho com ela, sei que está esperando a oportunidade para se comunicar, mas já se passaram alguns anos e nada, mal consigo ouvir sua voz em meus sonhos.

— Deve ser muito triste para você, mas tenha fé, lembra o que o espírito de minha mãe falou naquela noite na gruta? "Que o filho de Sebastiana é que poderia nos ajudar."

— Lembro, sim, mas ele ainda é muito criança, teremos de esperar.

A dor veio violenta desta vez, fazendo Lucya calar-se e empalidecer. Oxalufam levantou-se e foi em sua direção.

— Venha, vou levá-la para seu quarto, fique calma, preparei o chá, vai logo passar.

— Como dói, até quando vou sofrer? Se não fosse você, eu não teria mais forças para lutar contra essa dor.

— Sempre estarei do seu lado, um dia ela vai passar, você vai ver.

— Não, meu querido, você sabe que não é verdade.

Estava claro para os dois que o que Lucya sentia não tinha cura. Apanhou muito, levando pancadas violentas que ocasionaram um tumor no cérebro, e fatalmente, com o tempo, ela não resistiria. Oxalufam daria sua vida para salvá-la; como isso não iria adiantar, dedicava sua vida para aliviar seu sofrimento, com muito amor e carinho e preces a Deus, pois só ele poderia ajudá-la.

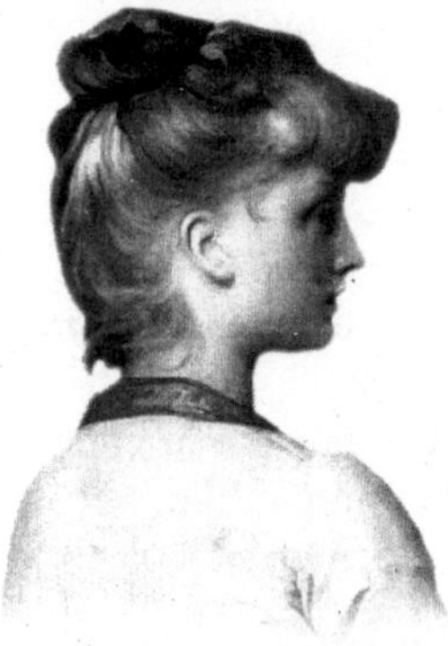

Capítulo V

Consertando os erros do passado

Quatro anos depois...

Apesar de suas dores constantes, o amor de Oxalufam e sua dedicação faziam com que o milagre da vida operasse em Lucya, que sobrevivia bravamente a tanto sofrimento e dor.

Martha não resistiu a tantas dificuldades, apresentadas durante aqueles anos. Resolveu vender o que restou do gado, aquele que não morreu na epidemia, pagou as dívidas que adquirira e, com um pequeno restante, voltou para sua terra, a pedido de sua irmã.

A presença de Martha com sua filha Maria Rita na fazenda encheu a casa de vida, e o coração de Lucya estava tão feliz e esperançoso, que fez com que ela esquecesse por algum tempo sua dor e sua luta para viver. O barulho das crianças fez com que as lembranças do passado renascessem em sua memória; olhava para eles e recordava a infância em que brincava com os irmãos, sempre acompanhada do silêncio misterioso de sua mãe, agora tão compreendido por ela.

O pequeno Diogo, criança alegre e esperta, fez logo amizade com Maria Rita; menina calma e meiga, concordava com tudo que ele dizia, acatando sua vontade, o tempo todo. Tornaram-se amigos inseparáveis, nas brincadeiras, no estudo, nas refeições, nas peraltices e nos castigos. Coisa que Martha estava sempre a aplicar, na tentativa de afastá-los, mesmo que Lucya implorasse, alegando que eram crianças.

— Não, minha irmã, eles precisam aprender, não serei submissa como mamãe, e, além do mais, Maria Rita precisa aprender a dizer não para Diogo. Já reparou como ele tem domínio sobre ela?

— Martha! São crianças, está levando tudo muito a sério.

— Temo por minha filha, não quero que seja boba nem tola, como nossa mãe.

— Nossa mãe não era tola, apenas submissa. Jamais Maria Rita será como ela, pois terá outra educação. Nossas vidas poderiam ter sido bem diferentes, se tivéssemos tido a mesma oportunidade.

Lucya fez questão que Maria Rita e Diogo tivessem educadores, sonhava com uma vida diferente para os dois, não medindo sacrifícios para isso, pagando os melhores da região.

O menino Diogo reconhecia Lucya como sua verdadeira mãe, por mais que ela o contestasse, tentando explicar que o amava com amor de mãe, mas era Sebastiana sua mãe verdadeira. Diogo recusava-se a aceitar, não admitindo de maneira alguma que fosse verdade e, por várias vezes, quando estava com Sebastiana em seu quarto, questionava:

— Sebastiana, por que é você minha mãe, e não tia Lucya?

— Ora, meu filho, porque você nasceu da minha barriga.

— Não! Eu não quero ser seu filho, eu sou é filho da mãe Lucya.

— Não seja tolo, sabe muito bem que é negro, tem sangue negro. Mesmo que não seja escravo, nasceu livre, graças à Lei do Ventre Livre, mas continua sendo negro e filho de escravo.

— Não sou não! Sou branco, não tenho a mesma cor sua. Sou igual a Maria Rita.

— Bobo, vamos dormir, não é igual a ela, nunca se esqueça disso. Tem sangue de negro.

Aquela conversa sempre o deixava triste, não conseguia imaginar-se como os escravos, sentia-se diferente. Era criança ainda para entender seus sentimentos, mas com certeza negaria sua raça, não aceitando nunca sua condição. Sentia-se superior, jamais aceitaria Sebastiana como sua mãe verdadeira. Olhava para sua pele e ficava comparando, seus cabelos eram lisos e brilhosos, seus traços do rosto, finos, e mesmo muito criança percebia a diferença.

"Ela é negra e escrava, eu sou branco, não sou seu filho, estão mentindo. Um dia vou descobrir a verdade, Lucya é minha mãe, mas quem será meu pai?"

Diogo e Maria Rita gostavam de conversar com Oxalufam, estavam sempre solicitando suas histórias, passavam horas sentados no jardim ouvindo sobre a mãe África, suas crenças e o sofrimento da raça negra, perseguida, humilhada, lutando para sobreviver a tanta maldade, sem perder o orgulho e o amor próprio. Tentava passar para Diogo o amor pelo seu povo, o orgulho por pertencer à raça negra, não devendo envergonhar-se em ter sangue negro correndo nas veias. Mostrava-lhe quanto era abençoado por nascer em uma época melhor, pois ele era uma criança livre.

— Lucya trata-o como um filho, dando-lhe carinho e amor, principalmente proporcionando sua educação, para tornar-se um verdadeiro homem, livre, inteligente e com cultura. Nunca conheci um negro letrado e culto.

Maria Rita olhava para Diogo e, com a voz meiga, acrescentava:

— Diogo, você é o negro mais bonito que já vi, não tenha vergonha, escute o que tio Oxalufam está falando, gosto de você negro.

Diogo escutava tudo com muita atenção, e naquele espaço de tempo concordava, mas logo esqueceria as palavras e tornaria a pensar conforme sua índole e o espírito rebelde que tinha. E assim passaria toda sua infância, lutando com seus sentimentos, não aceitando Sebastiana como mãe e amando Lucya como seu filho verdadeiro.

O tempo passou rapidamente, Lucya conseguia pagar as dívidas que Frederico deixara com as colheitas que a cada ano cresciam mais, com o trabalho incansável dos escravos, que eram recompensados com fortes alimentos e algum conforto. Aparentemente tudo corria bem na fazenda, a felicidade não era completa devido ao estado de saúde da Sinhá, que lutava diariamente com as dores fortes que sentia na cabeça. Era visível quanto piorava a cada ano que passava, fato que deixava todos apreensivos e preocupados.

Oxalufam era incansável, cuidava da sua amada, dia e noite, dando-lhe carinho, chás, colocando compressas, até que ela conseguisse dormir um pouco, permanecendo sempre ao seu lado, todas as noites e madrugadas. Todos colaboravam para seu bem-estar. Diogo vivia contando suas peraltices que, junto com Maria Rita, estava sempre a aprontar, fazendo com que Lucya desse boas risadas, Martha, apesar de fria e insensível, gostava da irmã e temia por sua saúde; estava sempre a perguntar se desejava comer algo diferente, pronta a fazer guloseimas, na tentativa de abrir seu apetite; os negros pediam proteção aos orixás e malembe para suas dores. Sebastiana não demonstrava tanto carinho por Lucya, nem preocupação pelo seu estado de saúde, pois o ciúme devorava seu coração, rebelde e, na ignorância, chegava a ter pensamentos ruins em relação a Sinhá, arrependendo-se imediatamente, pois sua consciência alertava quanto ela era boa para o seu filho.

Naquela noite de verão, jantavam e conversavam animadamente, sentiam em seus corações a paz que há muito todos ali ansiavam por sentir. Oxalufam ria com Lucya das histórias que os dois contavam, já não estavam mais tão crianças, mas continuavam aprontando. Martha resignava-se a ouvir, sempre com a fisionomia séria, tentando não esboçar nenhum sorriso, era sua maneira de demonstrar que não estava de acordo.

Sebastiana interrompeu entrando na sala de jantar, apressadamente, avisando que uma carruagem se aproximava. Atentos, pararam para ver quem chegava a uma hora daquelas, sem ser convidado. Logo após, Sebastiana regressava, mais nervosa ainda com a fisionomia de espanto. Olhou para Lucya e, gaguejando, falou:

— Senhora, prepare-se para a visita que acaba de chegar.

Com o coração acelerado, Lucya sentiu que era a pessoa que faltava para sua felicidade ser completa, levantou com dificuldade da cadeira, colocando a mão em seu coração que, instintivamente alertou-a de quem se tratava. Bem mais velho, com os cabelos grisalhos, com a mesma fisionomia, Gustavo entrava. As lágrimas escorreram dos seus olhos; quando viu sua irmã, emocionada, andando em sua direção, largou as malas no chão e correu para abraçá-la.

— Meu irmão querido, que saudade!

— Eu também. Relutei muito para voltar, não sabia como seria recebido, mas nunca, em nenhum momento, esqueci de vocês.

Olhou para Martha, que não esboçava em seu rosto nenhuma emoção.

— Meu irmão, tinha certeza de que um dia você voltaria, só pedi a Deus que não demorasse muito.

— Um momento, minha irmã, preciso avisar a Pedro que já pode entrar.

E assim, foi até a entrada e chamou por ele.

— Este é Pedro, meu amigo, meu melhor amigo.

Olharam para aquele rapaz mulato à sua frente, bem vestido, educado, falando como branco e comportando-se como tal, bonito, com um olhar forte e com a voz vibrante.

— Boa noite, senhoras, crianças.

Lucya ficou mais emocionada, pois um negro amigo do seu irmão era o seu sonho tornando-se realidade.

— Boa noite, meu rapaz, por favor queira sentar-se aqui conosco, você também Gustavo. Devem estar mortos de fome, teremos tempo para conversar e matarmos nossa saudade.

Todos se confraternizaram, fazendo um brinde à família, o que deixou Sebastiana irritada. Ordenou que colocassem mais talheres na mesa e não tirou os olhos de Pedro. Sentiu um aperto em seu coração assim que o viu, mas era tão rebelde e tão amarga com sua vida, que não permitiu que ficasse clara a sua aflição.

Gustavo percebeu a presença de Oxalufam, sentado e participando normalmente da família, a ausência de Frederico e dos seus pais. E pensou que, com certeza, teria revelações importantes para ouvir. Nada comentou, aguardaria o momento certo para essas perguntas.

Jantaram todos e foram unir-se na sala de estar, colocando a história de suas vidas em dia. Seria uma conversa bastante longa, por isso Martha achou melhor levar as crianças para seu quarto e deixar somente os adultos na sala.

— Boa noite, mãe.

Diogo deu um beijo carinhoso em Lucya. Gustavo ficou espantado e perguntou:

— É meu sobrinho?

Diogo respondeu primeiro, deixando todos sem ação e Sebastiana cheia de ciúmes.

— Sou sim, e você é meu tio.

Lucya olhou-o com cumplicidade e esperou que saíssem para dar início às explicações. Contou grande parte de sua vida desde que Gustavo fora embora, do falecimento dos seus pais, da maneira como aconteceu a morte de Rodolfo, o fato de não ter conhecimento onde fora enterrado, tudo que não queria recordar, mas que era preciso Gustavo saber.

Horrorizado em ouvir tanta crueldade e sentindo remorsos por deixá-la sozinha à mercê da sorte, envergonhou-se, da mesma forma que sentiu ao partiu sem avisar e ter sido cúmplice do seu pai na desgraça da família. Resolveu contar-lhe também quanto foi difícil seu destino, até que conheceu Pedro e resolveu livrá-lo do seu dono, que quase o matava de tanto bater, quando ainda era criança. Martha já estava de volta e pôde ouvir um trecho da conversa, até que chegou a sua vez de falar e, cheia de ódio na voz, acrescentou.

— E por tudo isso, odeio aquele homem. Tenho certeza de que, esteja ele onde estiver, não terá um minuto de paz.

— Não fale assim, minha irmã, reze, peça perdão a Deus por suas palavras. Ele não sabia o que estava fazendo quando atirou, não sabia que era Diogo.

— Isso não importa, o que importa é que ele matou o seu próprio filho, fazendo de nossas vidas, a minha e de minha filha, que não chegou a conhecer o pai, um verdadeiro inferno.

— Não é verdade, vocês estão aqui, vivendo bem, estamos todos juntos, Maria Rita é uma criança feliz.

— Não tem pai, nem o conheceu.

— Mas ela nem por isso é infeliz. E sabe por que, Martha? Porque todos nós a amamos, e ela sente este amor, e isso lhe basta. E deveria bastar para você, que teve o exemplo de minha vida, sabe o quanto sofri e ainda sofro; e apesar de tudo, considero-me uma pessoa feliz, pois tenho todos ao meu lado e conseguimos sobreviver a tudo, com amor e dignidade, tentando consertar os erros dos nossos antepassados, que tanto mal fizeram a nós, a eles mesmos e aos pobres escravos que aqui viviam.

— Compreendo, minha irmã, mas não consigo pensar e nem aceitar como você, com tanta resignação. Sonho com Diogo, penso nele todos os dias da minha vida, cada vez que chamo o filho de Sebastiana, vejo sua imagem na minha frente; é muito difícil aceitar meu destino que, por ironia, colocou esta criança em minha vida, que é a imagem idêntica do meu Diogo.

Oxalufam, que estivera calado até aquele momento, resolveu intervir.

— Martha, nada nesta vida é por acaso. Oxalá é sábio e misericordioso, levou Diogo de você, mas deixou-lhe Maria Rita, para que sentisse sempre o fruto do amor de vocês ao seu lado. Saiba aproveitar isso, minha amiga, e veja sua filha como a continuação do seu amado.

— E esta criança, diga-me: por que é tão parecida com Diogo?

— Martha, minha irmã, não consegue imaginar o porquê?

Suas palavras caíram fundo em seu coração e no de todos os presentes; enfim foi revelado o silêncio que Lucya manteve, acerca do nascimento daquela criança. Oxalufam acrescentou:

— Ele puxou o irmão, que era bem parecido com o pai. Diogo não tem nada da mãe, e espero sinceramente que não venha a ser parecido na índole de natureza rebelde.

Pedro percebeu que todos estavam sem ter o que dizer, ainda atônitos com a surpresa, e resolveu então contar um pouco de sua história.

— Minha história também foi triste, custei muito em aceitar meu destino; minhas lembranças do passado são muito vagas, mas a saudade que invadia meu coração era de minha mãe. Não consigo lembrar-me quem era, fiquei uma criança amarga e infeliz, durante algum tempo, até que conheci meu amigo Gustavo, que, graças à mão do divino, meu Pai Oxalá, entrou em minha vida, transformando-a e preencheu o vazio do meu coração com sua amizade, fez de mim um negro culto e letrado e hoje livre.

Oxalufam arrepiou-se com a visão, que se fez na sua mente; a figura de Pedro transformou-se em uma criança que lembrava muito bem Neco. Entendendo imediatamente o que Oxalá fazia naquele momento, os caminhos que ele usou para corrigir um erro e a maneira com que conduziu a vida das pessoas para que isso fosse feito. Emocionado mais uma vez com a prova de quanto seu Deus era misericordioso, rogou em voz alta.

— Pai Oxalá seja louvado! Que o Deus de todos nós seja louvado! Somos todos filhos dele. Abençoado seja seu nome, seja ele qual for. Abençoado, seja feita sua vontade. Abençoada seja a justiça divina.

Uma força impediu-o de revelar sua descoberta. Calou-se, deixando todos esperando uma explicação. Como ele não mais pronunciou nenhuma palavra, Lucya acrescentou:

— Se Oxalufam sentiu vontade de agradecer aos deuses por sua misericórdia, tenho certeza de que meu amigo teve o seu motivo, e louvo e agradeço por tudo que tem acontecido em nossa família. À sua volta, meu irmão, e a você, Pedro, por estar aqui fazendo parte desse encontro.

— Ficarei por pouco tempo, pois preciso retornar o mais rápido possível, não posso me afastar da minha causa, já conseguimos que fosse assinada a Lei do Ventre Livre, agora precisamos acabar com a escravidão.

— Estou orgulhosa de você, meu irmão, valeu a pena estar viva e saber quanto mudou, e que sua luta é contra a injustiça humana. Obrigada, meu Deus!

— Vejam todos, que foi preciso uma desgraça na família para que seu irmão aprendesse e passasse a ser um homem de verdade. A lição é que, às vezes, de um fato triste, renascemos para a vida.

— Sábias palavras, meu caro, estou feliz por minha irmã ter você como amigo fiel e companheiro.

Brindavam a felicidade que sentiam naquele momento. Lucya sentia-se muito cansada e com dor, tentava disfarçar para não interromper o momento mais feliz de sua vida, mas não passou despercebido para Oxalufam seu sofrimento.

— Minha querida, está cansada, vamos para o quarto.

— Ah! Não se preocupe, meu amigo, estou bem.

— Lucya, não é verdade. Vamos, vou colocar compressas em seus olhos, e vai dormir, pois amanhã terá um longo dia pela frente.

Martha percebeu o abatimento de Lucya e adiantou:

— Oxalufam tem razão, vou levar um chá bem quentinho, agora vá descansar.

Gustavo percebeu a ternura com que Oxalufam carregava Lucya ao colo e o cuidado para com ela; ficou emocionado com tanto carinho e pôde compreender e sentir o grande amor que emanava entre os dois.

— Conte-me agora o que se passa com os dois.

Martha tentou explicar aquela amizade, gratidão e amor, e falou do estado de saúde de Lucya.

— Mas já chamaram os médicos? Não é possível, Lucya é tão jovem ainda.

— Sim, vários já estiveram aqui, e todos falam a mesma coisa, o tumor em seu cérebro não tem cura, de uma hora para outra pode estourar. Oxalufam não a deixa um minuto sozinha, sempre pronto para aliviar suas dores, com compressas de ervas e afagando-lhe até que ela consiga dormir.

— Aquele maldito é que fez isso nela?

— Sim, contam que ela apanhava quase todos os dias, e muitas vezes era sua cabeça que ele acertava. Nossa irmã sofreu muito em suas mãos, só não morreu porque Oxalufam a tirou daqui, escondendo-a no meio da mata durante um bom tempo, até que aconteceu a desgraça.

Pedro não aguentava mais ouvir, exausto da viagem, e triste, por ouvir a história daquela mulher. Bocejou disfarçadamente. Gustavo percebeu seu cansaço, pediu a Sebastiana que preparasse o quarto para ele.

— O único quarto disponível era o do coronel, já está fechado há tantos anos que não será possível instalá-lo agora.

— Então arrume uma acomodação no meu quarto mesmo, amanhã transfira suas coisas para o quarto que era de papai, mande abrir as janelas e limpe tudo, pois Pedro ficará alojado lá.

Sebastiana saiu resmungando, achava um atrevimento. Pedro era mulato e a única negra que dormia na casa grande era ela; agora ele, que ninguém sabe quem é, vai dormir no antigo quarto que pertencera ao coronel.

"É, as coisas aqui estão muito mudadas, tudo tem limite, ainda vão se arrepender, estão dando muita liberdade para esse estranho."

Ajeitou uma cama improvisada no quarto de Gustavo e mal-humorada resmungou:

— Pronto, rapaz, pode deitar, se quiser se lavar, vá pegar água você lá fora, a bacia está bem ali em cima da cômoda.

Falou áspera, não gostou dele e não daria moleza. Achou-o arrogante, fazendo seu julgamento apressadamente, sem sequer entender que não se tratava de arrogância. Seus modos ao falar demonstravam apenas a educação esmerada que recebera.

— Obrigado Sebastiana, vou eu mesmo pegar, só preciso que me diga como chegar até lá.

— Siga-me, mostrarei o caminho.

Pedro foi bem atrás, ria por dentro, percebeu que Sebastiana não aceitava sua condição e compreendeu sua rabugice. Quando passaram pela cozinha, ele parou, estranhamente reconheceu o lugar, ficou olhando todos os cantos, o grande fogão à lenha, a mesa enorme de madeira rústica encostada bem no canto da janela; e como um clarão em sua mente, a imagem de uma velha negra, sentada com um pedaço de pão na mão, molhando no caneco de leite.

— Venha, ainda não chegamos.

Como ele não respondeu e continuava parado olhando tudo em silêncio, Sebastiana voltou para ver o que estava acontecendo.

— Vamos, por que está parado aí?

— Não sei, mas tenho a impressão de que conheço este lugar.

— Claro, é uma cozinha, nunca viu uma antes?

— Já, Sebastiana, várias delas, mas continuo achando esta muito familiar.

— Bem, quer ou não quer água?

Enquanto isso, no quarto, Lucya com ataduras em volta da cabeça e compressas nos olhos chamava por Oxalufam.

— Oxalufam, está aqui?

— Claro, minha querida, sempre estarei ao seu lado.

— Estou tão feliz, Oxalufam, só tenho a agradecer a Deus e a você.

— Fique quietinha, não fale.

— Preciso falar, não me resta muito tempo, segure minha mão.

Oxalufam sentou-se bem perto dela e pegou sua mão, com carinho alisava seus dedos finos e pálidos.

— O calor da sua mão me dá forças, meu querido, preciso dizer-lhe, não quero partir deste mundo sem nunca lhe ter dito quanto eu o amo.

— Eu sei, sempre senti o seu amor. E você sempre soube e sentiu o meu, sempre estarei com você, neste mundo e no outro.

— Prometa-me, Oxalufam! Quando eu partir, cuide da minha família, sei que ainda vão precisar de você, prometa.

— Eu prometo. Mas quero que me prometa que esperará por mim.

— Sim, meu amor, se Deus permitir, tornaremos nosso amor em realidade, juntaremos nossas almas algum dia, em algum lugar, não importa quando.

Dizendo isso, Lucya sentiu uma forte dor, colocou a mão na cabeça e começou a chamar por Deus. Oxalufam, desesperado de ver seu sofrimento, rezava pedindo malembe para o seu Deus.

— Deus, ajude meu amor, ela está sofrendo, não permita tanto sofrimento.

Lucya arrancou as vendas dos olhos e deu seu último olhar de vida para Oxalufam, acompanhado por um suspiro de alívio. Soluçando, desesperado em saber que ela partira, chamava por seu amor.

— Lucya, minha vida, espere por mim, não me deixe.

Seu choro estava tão alto que chamou a atenção de Martha e Gustavo; quando perceberam que algo estava acontecendo, correram para o quarto. Ao entrarem; constataram o que temiam. Martha chorou colocando sua irmã deitada em seu braço, Gustavo ajoelhou-se na beira da cama, sendo consolado por Pedro, que também correu para ver o que acontecia.

— Meu amigo, conforme-se, ela descansou, veja seu semblante, morreu feliz e calma.

Oxalufam pediu que deixassem Lucya ser enterrada vestida de branco, pois era a sua vontade de que fosse sepultada perto da cachoeira, era seu último desejo. Os irmãos olharam-se e assentiram com a cabeça que sim, ele poderia fazer tudo que Lucya queria.

A fazenda caiu em luto, todos choraram muito a perda da Sinhá, que fora enterrada conforme seu desejo. Os negros acompanharam seu enterro cantando um lamento em africano, em que pediam a Oxalá que acompanhasse a filha de Oxum para as terras dos Deuses, pois deveria ser lá sua nova morada.

Diogo estava inconformado com a morte de sua mãe. Maria Rita tentava consolá-lo, mas não adiantava; ele dizia que sem ela não poderia mais ser feliz, e que Sebastiana iria achar que agora ele seria só seu filho. Quando percebeu que ela acabara de entrar, falou alto para que todos escutassem.

— Eu não a quero! Entendeu, Sebastiana? Você não é minha mãe!

Ficou falando sem parar a mesma coisa durante um bom tempo. Sebastiana chorava, pedindo que ele se calasse. Queria sentir a mesma tristeza de todos naquele momento, mas encontrava-se muito sentida com Diogo, não conseguia. Cada vez que a voz do seu filho gritava por Lucya, o ciúme tomava conta do seu coração. Tinha consciência de quanto devia a Sinhá, mas não conseguia perdoá-la, mais uma vez alguém daquela família havia roubado seu filho.

Pedro sentiu o sofrimento de Sebastiana, compadeceu-se. Olhou para ela com carinho, havia qualquer coisa naquela mulher que lhe comovia, não sabia explicar o quê, apesar de saber que seus sentimentos por ele não eram recíprocos.

Alguns meses depois...

Gustavo precisava partir, não queria deixar Martha e sua sobrinha sozinhas na fazenda. Desde a morte de Lucya, todos estavam muitos tristes, e Martha não era mais a mesma, andava infeliz pelos cantos da casa, corroendo-se de tristeza. Ele convidou-a para que fosse morar na cidade grande. Ela aceitou rapidamente, nunca gostara daquela fazenda, agora sem sua irmã, não fazia sentido continuar ali.

Eles deram plenos poderes para Oxalufam, pedindo que ele tomasse conta da fazenda. Pedro ficaria fazendo companhia e, por saber ler e escrever muito bem, tomaria conta da parte financeira, participando o balancete todo mês por meio de carta. E respeitando o desejo de Lucya, entregou sua carta de alforria que havia deixado por escrito, pedindo que sua vontade fosse feita após sua morte, dando-lhe a liberdade.

Inconformado com a morte de Lucya, Diogo piorou mais ainda com a separação de Maria Rita; seria muita perda em pouco tempo, para uma criança tão rebelde quanto ele. Tornando-se amargo e triste, deixou de ser aquele menino falante, que vivia pela casa cantando e contando histórias para fazer os outros rirem. Vivia trancado em seu quarto; por muitas vezes, Sebastiana pegou-o falando sozinho, quando tentava aguçar seus ouvidos na tentativa de entender o que tanto falava, ele gritava de lá:

— Pode ir embora, sua bisbilhoteira, ninguém chamou você aqui.

Ficava sem entender como poderia ele saber de sua presença, se a porta estava sempre trancada e ela não fazia o menor barulho quando se aproximava.

— Vá embora, sua nega metida.

Ela ficava assustada, pois sua voz lembrava-lhe o coronel, e as palavras que usava para ofendê-la ainda estavam nítidas em sua memória. Ele gritava tanto, que Oxalufam certa vez, ao passar justamente naquele momento, e vendo a cara assustada de Sebastiana, resolveu interferir: entraria no quarto, para lhe perguntar.

— O que se passa, Sebastiana, por que Diogo está gritando?

— Eu não entendo, Oxalufam, meu filho mudou, não parece mais o mesmo, às vezes quando ele grita comigo, tenho uma sensação tão ruim, parece outro, tenho medo até de falar o nome dessa pessoa.

— Deixe, vou falar com ele agora mesmo.

Bateu na porta, ordenando para que abrisse.

— Vamos, Diogo, sou eu, abra!

— Vá embora você também, não quero falar com ninguém.

— Ah, quer sim! Abra agora mesmo esta porta, se não o fizer, colocarei-a abaixo.

Quando ouviu a voz séria de Oxalufam ordenando que abrisse, Diogo de cabeça baixa, obedeceu.

— Pode entrar. Continuo não querendo falar com você.

— O que está acontecendo, Diogo? Diga-me?

— Eu não sei bem, mas sinto-me diferente, não gosto de Sebastiana, nem de olhar para ela.

— Como pode falar assim de sua mãe?

— Eu não sei! Só sei que quando a olho e vejo seus olhos, sinto uma vontade incontrolável de odiá-la.

— Diogo, o que está dizendo, odeia sua mãe?

— Tio Oxalufam, ajude-me, não quero sentir isso, mas não consigo modificar meus sentimentos. Às vezes sonho com um homem, ele é mau e diz que preciso odiá-la, que ela é a culpada de tudo.

Oxalufam ficou alerta e pediu:

— Fale-me do seu sonho. Como ele é?

Diogo sem saber descrevia claramente Frederico. Quanto mais Oxalufam ouvia suas palavras, mais ficava com a certeza de que era ele que perturbava aquela criança, tentando usá-lo para continuar suas maldades.

— Você está dizendo que ele pede a você que se vingue?

— Sim, tio, até de você. Ele odeia o senhor! Falou-me que foi o culpado pela morte de minha mãe, eu não quero acreditar em suas palavras, mas ele perturba minha cabeça e fica repetindo o tempo todo que ela morreu por sua causa.

— Isso não é verdade, Lucya estava muito doente, você sabe bem disso.

— É verdade, mas na hora em que sonho com este homem, não consigo lembrar o que aconteceu.

— Está certo, Diogo, não fique com medo, vou ajudá-lo. Agora escute, quando este homem vier perturbá-lo, reze, reze tudo que sabe.

— As preces que minha mãe ensinou ou as suas?

— Todas as que você sabe.

— Está certo, eu farei isto.

Oxalufam saiu do quarto, transtornado, viu que Sebastiana também estava e que ouvira toda a conversa.

— E agora, Sebastiana, o que faremos?

— Eu não sei! Já pedi perdão pelos meus erros no passado, você desfez a magia negra que pratiquei naquela época. E o que mais podemos fazer?

— Precisamos vencer o seu ódio, e isso eu não sei se conseguirei, pois só em pensar naquele homem, eu sou o primeiro a ter este sentimento, mesmo morto eu o odeio.

— O que será do meu filho, Oxalufam? Precisamos ajudá-lo, tenho certeza de que esta alma penada não o deixará em paz enquanto não destruir a todos.

— Preciso pensar, pedir ajuda a Oxalá, só ele poderá ajudar-nos. Que falta minha mãe faz neste momento, com certeza ela saberia se livrar dessa alma. Ao passar dos anos, Oxalufam tentou de tudo para afastar o espírito de Frederico de Diogo, mas uma força maior não o deixava conseguir. Precisava sentir amor em seu coração, e isto não conseguia; o ódio estava sempre presente nas suas tentativas que fazia para doutriná-lo. Enquanto Diogo foi criança, o espírito perturbado de Frederico pouco pôde fazer, agora ele tornara-se um belo rapaz, um homem, a bem dizer, o que o deixava vulnerável para suas investidas, perturbando-o constantemente e influenciando diretamente em sua personalidade. Por mais que Oxalufam e Sebastiana rezassem, nada conseguiam para que o espírito de Frederico o deixasse em paz.

Pedro preocupava-se em ver quanto Sebastiana sofria e estava visivelmente cansada de ver seu filho emocionalmente perturbado.

Por mais que tentasse conquistar sua simpatia, mais ela afastava-se, deixando-o triste e frustrado, pois gostava de verdade daquela mulher; seu coração angustiava-se com sua indiferença. Por várias vezes teve a nítida impressão de que já a conhecia, e quanto seu coração ficava feliz ao conseguir um pouco de sua atenção.

Diogo evitava a presença de Oxalufam, tinha medo dos seus sentimentos quando o via e percebia seu olhar de ódio quando se cruzavam. O tempo passou. O ódio silencioso entre os dois aumentava cada vez mais, sendo que Diogo não tinha consciência de onde vinha aquele sentimento. Oxalufam, sim, não conseguia mais ver Diogo; quando o olhava, a imagem de Frederico estampava-se em sua fisionomia, fazendo-lhe ameaças, com o olhar de deboche, sempre a gargalhar.

Sebastiana, na maioria das vezes, estava por perto, tentando apaziguar os ânimos dos dois, que vinha causando mal-estar a todos, tornando o clima da fazenda pesado, como nos tempos em que Frederico fora vivo. Pedro, apesar de não ter vivido na fazenda naquela época, sentia toda energia negativa que emanava dos dois. Com as explicações espirituais que recebera de Oxalufam, compreendeu o que os escravos sentiam o medo que tomava conta de todos e tentava, de alguma forma, ajudar; mesmo sem ter o conhecimento, rezava pela alma do falecido Frederico.

Naquela noite, todos se recolheram cedo, era a maneira que encontravam para evitar que a energia negativa afetasse suas vidas. Pedro foi para o quarto, não se sentia bem, suava frio com calafrios que lhe percorriam todo o corpo. Sentou-se na cama e ficou olhando fixo para a parede que ficava bem em frente. De repente seus olhos ficaram embaçados, seus ouvidos denunciavam a presença de zumbidos e sussurros estranhos. Arregalou bem os olhos, na tentativa de entender o que acontecia, quando tudo parou. Assustado, saiu do quarto descendo as escadas correndo. Confuso, achou tudo muito estranho, até seu mal-estar havia passado, precisava falar com alguém sobre sua experiência. Bateu na porta do quarto de Sebastiana.

— Quem é?

— Sou eu, Sebastiana, Pedro.

— Pode entrar. O que você quer? Não vê que estou tentando dormir?

— Desculpe-me, mas é que preciso conversar com alguém. Achei que você seria uma boa pessoa para isso.

— Não! Não sou boa pessoa. Pode sair, vá procurar outro.

Abriu a porta do quarto apontando a saída, sem dar tempo para Pedro falar.

— Não entendo! Por que não gosta de mim?

— Porque não gosto, e pronto.

— Pois eu gosto de você, desde o dia em que a conheci.

— Não sei por que esta dizendo isso. Não vai modificar a maneira de eu pensar, e, além do mais, não gosto de negro que pensa que é branco.

— Eu não me acho branco, sou mulato, e bem sei das minhas raízes. Fui vendido ainda quando bem criança, mas era filho de uma negra, isso eu lembro, não me recordo do rosto de minha mãe, mas com certeza, deveria ser parecida com você.

Sebastiana ficou com os olhos rasos d'água quando ouviu sua breve história. Neco veio logo em sua memória. Não quis dar o braço a torcer, nem deixar que ele percebesse sua fraqueza, e imediatamente pediu que saísse.

— Por favor, agora saia, preciso descansar, amanhã levanto cedo.

— Está certo, não vou perturbá-la mais. Até amanhã.

Sebastiana ficou olhando ele sair e pensou:

"Ah! Como gostaria que você fosse meu Neco. Pare de pensar besteira, mulher. Neco deve estar muito longe daqui, isso se não estiver morto."

Quando nada mais importava para Oxalufam, que se entregava a maior parte do tempo visitando a sepultura de Lucya, permanecendo o dia inteiro sentado perto da cachoeira, pensando na mulher amada que partiu deixando-o com uma dor profunda que aumentava cada vez mais com a sua ausência, esquecia a promessa que fizera antes de sua morte. Deitado em seu leito, olhava para as paredes, e tentava deslumbrar seu rosto em suas lembranças chamando por ela.

"Lucya, meu amor, não suporto mais sua ausência, preciso muito de você."

Adormeceu com seus pensamentos, quando em seu sonho Lucya lhe cobrava.

— Meu amor, vamos, você tem de reagir, não esqueça o que pedi antes de partir. Diogo, sua alma faz parte da minha família, por favor, ajude-o.

Diogo, que a essa altura se tornara um homem, passou a administrar a fazenda com Pedro. Aparentemente, entendiam-se bem, só discordando quando Diogo aplicava castigo nos negros, que se recusavam a cumprir suas ordens absurdas, deixando-os revoltados e sem reconhecer aquele menino meigo e alegre de outrora.

Não seria por falta de repreensão, Pedro estava sempre a recordá-lo da sua condição, fato que o deixava irritado, ocasionando nessas horas discussão. Sebastiana, sempre atenta a tudo que seu filho fazia, intervinha imediatamente, não deixando que as brigas tomassem uma proporção maior, não tomando partido, dando razão aos dois.

— Pedro tem razão, meu filho. Não se esqueça de que são nossos irmãos.

— Cale-se, não quero ouvir mais nada.

— Você também está certo, Diogo. Tem razão em castigá-los quando não querem trabalhar, eu só acho que não precisa exagerar. Oxalufam não vai gostar de saber como anda tratando os negros.

— Oxalufam é um idiota, só sabe ficar chorando pelos cantos, e, além do mais, está ficando velho, precisa mesmo é rezar e não ficar dando opinião na maneira de dirigir a fazenda.

— Não se esqueça de que ele é o responsável por tudo isso, o Senhor Gustavo deixou isso claro antes de partir.

— É, e nunca mais voltou. Ele não quer saber disso aqui, vive na cidade grande, esqueceu da fazenda.

— Aí é que você se engana. Estou sempre mandando notícias, esqueceu? Faço relatórios todo mês, fiquei encarregado desta parte.

Sebastiana já tratava Pedro com carinho; tentando disfarçar sua mudança, quase não olhava para seus olhos, mas Pedro percebeu a diferença quando o chamava pelo nome, e a maneira que se preocupava com sua alimentação. Desde que contara sua história, Sebastiana não parava de sonhar, imaginando que ele poderia ser o Neco. Fantasiava em seus sonhos esta possibilidade, sem deixar que ninguém notasse sua mudança, e sempre chamando-lhe a realidade.

"Não se iluda, Sebastiana, este negrinho não é seu filho."

Diogo continuava sendo perseguido pelo espírito de Frederico, que não o deixava dormir, enfraquecendo-o, tirando suas energias, e assim se apoderando a cada dia do seu corpo, das suas vontades, dos seus sentimentos, modificando sua personalidade. Durante seu sono agitado, conversava com ele, deixando-o cada vez mais confuso. Não sabia explicar seu medo, mas aquele homem conseguia dominá-lo, seus olhos eram fortes e paralisava-se de tanto terror quando este lhe ordenava mais pulso com os negros, gritava para que tirasse a vida de Oxalufam.

— Deixa de ser frouxo, você precisa mandar que os capangas acabem com ele. Sempre foi um fraco. Vê se agora que está nesse corpo jovem, aprende a ser homem.

— Não! Eu gosto de Oxalufam.

— Gosta nada, nunca gostou de negro, que história é essa? Está querendo me enganar, pensa que eu não sei!

— Não estou entendendo, não sabe o quê?

— Que vendeu as crianças negrinhas para ficar com o dinheiro.

— Não vendi criança alguma. Pare, não agüento mais esta conversa.

— Então faça o que estou mandando. Precisa matar Oxalufam, ele matou sua mãezinha, lembra?

— Nunca, ele era amigo da minha mãe Lucya.

— Era nada, queria ficar com a fazenda, dava ervas envenenadas para ela beber e vai acabar descobrindo onde você escondeu o dinheiro.

— Pare! Pare!

Debatendo-se na cama, gritava para que ele se calasse.

Sebastiana e Pedro ouviram seus gritos e correram para seu quarto, o que já era de costume.

— O que foi, meu filho?

— Aquele homem não me deixa em paz, fala coisas que não entendo.

— Vou chamar Oxalufam.

— Não, por favor, não o chame.

— Por quê? Ele sempre foi seu amigo.

Já com a fisionomia transformada, cheio de ódio no olhar, gritou:

— Já disse que não o quero aqui.

— Está certo, agora fique calmo, tente dormir, rezarei para este homem.

— Sebastiana! Ele falou que sempre fui um fraco. Isso é verdade?

— Não, você sempre foi forte e corajoso, um bom menino.

— Falou que eu vendi as crianças negrinhas e que escondi o dinheiro.

Sebastiana arregalou os olhos, olhou para Pedro, que parecia não entender do que se tratava, e perguntou:

— O que foi, Sebastiana? Está assustada, não entendo nada do que estão dizendo.

Diogo acrescentou para Pedro:

— Nem eu. Não sei que crianças são estas, e que dinheiro é este.

— Meu Deus! Meu filho!

— Fale, Sebastiana, o que está acontecendo?

— Nada. Preciso descansar, amanhã conversaremos.

Saíram do quarto, deixando Diogo sem nenhuma explicação. Muda, assustada com a revelação possível de Diogo ser a reencarnação do coronel Rodolfo, Sebastiana foi direto para o quarto de Oxalufam. Bateu insistentemente até que ele acordou irritado, por ser interrompido em seu sonho.

— Entre, Sebastiana.

— Desculpe-me acordá-lo, mas é que preciso muito lhe contar o que acabei de ouvir.

— O que, mulher? Está branca, nervosa. Fale logo.

Sebastiana narrou tudo nos mínimos detalhes, contando-lhe inclusive toda a história do passado. Do dinheiro que desaparecera, que ninguém conhecia essa história, só ela e o capataz, que fora assassinado por Frederico.

— Nunca descobrimos onde estava escondido, só tínhamos certeza de que estava aqui, na casa grande.

— É, acho que tem razão, Diogo não poderia ter inventado. Tenho certeza de que Lucya jamais comentaria alguma coisa com alguém, muito menos com uma criança.

— Nem ela sabia desse dinheiro. Quando coronel Rodolfo ficou perturbado com a morte de D. Melena, começou a beber, não falava coisa com coisa. Acho até que nem ele lembrava mais onde escondeu aquele maldito dinheiro.

— Agora entendo o que Lucya quis dizer no meu sonho!

— O que ela falou em seu sonho?

— Pediu que não abandonasse Diogo, que sua alma fazia parte da família.

— Era por isso que os dois sempre se gostaram tanto, Diogo foi seu pai.

— Sebastiana, precisamos de ajuda, aprendi muitas coisas, mas não tenho conhecimento suficiente para lidar com espíritos desencarnados. Minha mãe comentava acerca de uma religião que estuda reencarnação, sei que existe, mas não conheço ninguém que pratique.

— Talvez Pedro possa nos ajudar, ele é letrado, viveu na cidade grande.

— Sim, vá chamá-lo.

Quando Pedro se juntou a eles, ouvindo toda história atentamente, ficou sério, começando a pensar.

— Uma vez conheci um homem na cidade em que morava com Dr. Gustavo. Ele falava muito sobre o espiritismo, coisas como estas que você e Sebastiana estão contando. É um estudioso neste assunto. Nunca levei muito a sério suas conversas com Gustavo, mas desde que cheguei aqui, acho que ele tinha razão, almas existem, e a vida após a morte também.

— Lembra, Sebastiana, naquela noite em que lhe procurei? Pois é, tive uma experiência muito estranha, e constantemente venho tendo as mesmas visões.

— Que experiência, Pedro?

— Nunca falei nada para você, Oxalufam, porque sempre está tão triste, que não quis perturbá-lo com bobagem, até porque achava que era, mas agora!

Pedro contou tudo, dos seus sonhos com uma negra velha, dos seus gemidos e sussurros, da sua tentativa de lhe falar algo, mas nunca conseguindo ser clara o suficiente para que ele entendesse.

— Como é esta negra?

— Bem, pequena e encurvada, gorda com uma cara bondosa. Sempre a vejo sentada no canto da cozinha, molhando pão em um copo de leite.

Oxalufam ficou com os olhos cheios d'água, olhou para Sebastiana que balançava a cabeça afirmativamente.

— Esta negra é minha mãe, seu nome era Nonô, desapareceu há muito anos, quando estava refugiado nas matas, nunca mais tivemos notícias, não sabemos o que aconteceu, rezo por ela todas as noites.

— Nonô!... Nonô!... acho que já ouvi este nome, não me lembro onde.

— Deve ter ouvido alguém falar nela, por algum escravo, talvez. Sempre foi muito querida por todos.

— É, pode ser, em meus sonhos ela está sempre sorrindo, fala-me coisas que não consigo lembrar ou entender, está sempre a dizer seu nome, Sebastiana, é a única palavra que entendo.

— Meu nome!

— Sim, mas não sei o que diz, só escuto dizer Sebastiana.

— Pedro, você precisa lembrar. Quando sonhar com ela outra vez, tente. Ao acordar antes de se levantar, lembre-se de suas palavras, é muito importante, quem sabe ela não pode nos dizer o que aconteceu.

— Vou tentar, Oxalufam. Mas como estava dizendo, talvez esse homem que conheci possa nos ajudar, vou escrever para Gustavo, avisando que vou viajar imediatamente.

— Isso, faça isso, e tente descobrir o que podemos fazer para ajudar Diogo a livrar-se do espírito daquele homem.

Três meses depois...

Com a ausência de Pedro, Oxalufam tornou a ajudar na fazenda, principalmente cumprindo o que prometera a Lucya, permanecendo ao lado de Diogo quase o dia inteiro. Diogo estava insuportável de aturar-se, a cada dia pior com a presença diária de Oxalufam; seu ódio era quase constante, vivia de mau humor, sempre procurando uma maneira de irritá-lo, tentava de todas as formas tirar seu equilíbrio com provocações.

Por mais que Oxalufam entendesse a transformação de Diogo e sua passividade em deixar que Frederico o dominasse, sabendo ser ele a reencarnação de Rodolfo, que sempre tivera medo daquele homem, sendo dominado até a morte, fazia um esforço sobre-humano para não perder a cabeça, pois o ódio que sentia por Frederico o dominava. Por esse motivo não lhe dava trégua, estava sempre retrucando suas ordens, principalmente quando estas eram pura maldade com os escravos, o que acabava em briga e sérias discussões, chegando à agressão física.

Era tão evidente o ódio que sentiam e tão declarado, que todos os negros ficavam assustados. Por várias vezes, Diogo chegou a puxar a arma, ameaçando matá-lo. Sebastiana sempre chegava a tempo para impedir a tragédia e sem ter um minuto de paz, rezava para que Pedro voltasse logo, antes que fosse tarde demais.

Enquanto isso, na cidade grande, Pedro conseguiu marcar uma entrevista, com a ajuda de Gustavo, com o senhor Mário, o grande conhecedor das leis espíritas. Após longa conversa entre eles, Gustavo ficou a par de tudo o que andava acontecendo na fazenda e da verdadeira paternidade de Diogo, o que não foi surpresa para ele. Pedro estava ansioso para saber se o sr. Mário teria como ajudar.

— Bem, Pedro, pelo que entendi, trata-se de uma obsessão. E o obsessor vem a ser o antigo dono da fazenda; ele persegue justamente o menino que vem a ser a reencarnação do homem que ele arruinou que, por ironia dos desígnos de Deus, é seu filho.

— É, isso foi o que disseram. Não entendo nada, mas gostaria muito de compreender, pois eu mesmo ando tendo experiências estranhas naquele lugar.

— Sabe, meu rapaz, estou ficando muito curioso com tudo que está me contando. Gustavo! Será que eu poderia ir até a fazenda em companhia de Pedro?

— Claro, Mário, e fico muito grato. Vou fazer melhor, falarei com Martha e Maria Rita, iremos todos.

— Está combinado, poderemos partir dentro de dois dias, é só o tempo de colocar minhas coisas em ordem.

Pedro ficou satisfeito, não só conseguiu falar com Mário, como vai levá-lo em pessoa para ajudar.

Todos estavam a caminho da fazenda; durante a viagem bastante longa, tiveram tempo suficiente para continuar a conversar e ouvir as explicações que tanto Pedro e Gustavo ansiavam em entender. Maria Rita tornara-se uma jovem linda e bastante inteligente. Ficou curiosa a respeito do assunto que os homens conversavam e se interessou mais, assim que ouviu pronunciar o nome de Diogo.

— É difícil de acreditar que estejam falando de Diogo, ele sempre foi tão alegre, calmo.

— Minha sobrinha, é bastante complicado, mas vai entender, terá tempo para isso.

— Pois então, Sr. Mário, explique o que está acontecendo com ele.

Martha não estava gostando nem um pouco do rumo da conversa, sentia medo, nunca gostou de falar de coisas que não entendia, e por ser bastante religiosa, não gostava de ouvir falar em uma outra religião que não fosse a sua, católica. Não gostaria de ver sua filha envolvida nisso.

— Estou arrependida de ter vindo. Gustavo, acho que Maria Rita deve voltar.

— Por que, mamãe? Não sou mais criança, e tenho certeza de que Diogo assim que me vir, voltará a ser como era.

— Minha querida, ele agora é um homem, e está bastante diferente de suas lembranças. Por favor, contenha-se.

— Mãe, não tem motivos para falar assim, fomos criados como irmãos, ele não pode ter esquecido os momentos bons que juntos passamos na infância.

Pedro interferiu dando razão a Martha.

— Sua mãe está certa, Diogo mudou muito, verá! Sua personalidade está muito confusa, a fisionomia estranha, às vezes, quando olho para ele, assusto-me com sua transformação.

— Mas como isso é possível? Não entendo.

— O senhor Mário explicará como isso é possível, justamente por este motivo, está nos acompanhando, para ajudar Diogo.

Três dias de viagem foram suficientes para que todos passassem a entender as leis espirituais. Gustavo ficou fascinado, igualmente Pedro e Rita, mas Martha estava apavorada e descrente.

Aparentemente prontos para enfrentar o mal que perseguia a fazenda durante tantos anos, principalmente enfrentar o espírito do homem que tanto mal fez à sua família e matou sua irmã. Este era o pensamento de Gustavo, pois desde que ela morrera, o remorso e a lembrança de saber de todo seu sofrimento acompanhavam-no, sentia-se culpado, ao seguir seu destino, sem dar importância à sua família.

Naquele final de tarde, a carruagem entrava pelo portão principal da fazenda levantando poeira. Um calor infernal fazia naquele final de dia. Oxalufam e Diogo encontravam-se na plantação; uma nuvem de gafanhotos atacava o cafezal, ocasionando um grande estrago. Enormes fogueiras foram feitas, na tentativa de afastá-los com a fumaça, mas a luta dos homens contra a força da natureza estava difícil, os insetos venciam pelo cansaço.

Oxalufam gritava para que os negros tivessem cuidado com o fogo; ao devido o tempo, as folhagens estavam secas, podendo ocasionar um incêndio nas matas, pois o vento quente soprava alastrando o fogo.

— Por aqui. Cuidado! Olhe o fogo, não deixe que se alastre. Diogo! Saia daí, o fogo está perto de você.

Os gritos, a fumaça, o estalar dos galhos, os zumbidos dos insetos, que atacavam com voracidade, deixavam todos atordoados, sem saber que rumo tomar, e a que ordem seguir, pois Diogo dizia uma coisa e Oxalufam, outra.

Maria Rita olhou espantada para a grande fumaça que vinha de longe, e chamou a atenção do tio.

— Olhe tio, a fumaça está vindo da plantação.

— Venha, Pedro, vamos pegar a montaria, alguma coisa está acontecendo na plantação. E vocês, entrem com Mário, esperem por nós, vejam se tem alguma escrava na casa.

— Vou com o senhor!

— Não! Fique aqui, Maria Rita.

Ela ficou olhando eles se afastarem, sua mãe e o Sr. Mário já haviam entrado na casa; ficou parada por algum tempo, sem saber o que fazer. Resolveu desobedecer as ordens do tio, pegou o cavalo disponível e foi em direção ao cafezal.

O caos já estava instalado na plantação. Gustavo e Pedro juntaram-se aos demais sem maiores explicações; tentavam apagar o fogo que se alastrava, tomando rumos de acordo com o vento, colocando a fazenda em perigo, pois o vento soprava em sua direção.

Maria Rita cavalgava com velocidade, indo em direção do fogo. A fumaça ofuscava sua vista, deixando-a completamente embaçada, não conseguindo distinguir nada à sua frente. O cavalo, assustado, recusou-se a continuar, deu um pinote, jogando-a ao chão. Seguindo seu instinto animal, fugiu em outra direção, deixando-a no meio do fogo e da fumaça.

— Venha, cavalinho, não me deixe aqui. Meu Deus, não consigo ver nada, preciso sair.

Tossia insistentemente, sentia-se sufocada; qualquer pessoa em seu lugar ficaria em pânico, mas era forte e destemida, não se entregaria facilmente, continuava tentando encontrar uma saída. O calor do fogo estava cada vez mais próximo, podia sentir seu corpo ardendo. Nesse instante, resolveu gritar por socorro.

No meio de tanta confusão, seu grito chegava abafado, impossível de alguém ouvir. Por um momento Diogo parou o que fazia, escutou um grito, tentava decifrar aquele som longínquo, percebeu que se tratava de alguém pedindo ajuda.

— Meu Deus, tem alguém pedindo por socorro. Está vindo lá das matas. Quem será?

Largou as cobertas que usava para apagar o fogo e correu, dando ordens aos escravos que tentassem apagar o fogo daquele lado. Embrenhou-se no meio da fumaça, tentando seguir o som da voz que, àquela altura, já se encontrava em desespero.

— Continue a gritar, não pare. Estou chegando. Onde você está?

— Aqui! Não consigo ver nada.

Aquela voz soou tão familiar para Diogo, que não podia acreditar em seus ouvidos.

— Maria Rita! É ela, tenho certeza. Maria Rita, Maria Rita.

— Diogo! Estou aqui.

— Calma, estou chegando, fique parada onde está. Continue falando.

Depois de alguns minutos, por milagre, Diogo conseguiu ver seu vulto, pegou-a pelos braços e correu sem olhar para trás, onde árvores e galhos caíam perto, levantando labaredas. Retornou pelo mesmo caminho, chegando ao local onde todos continuavam tentando desesperadamente apagar o fogo, não se dando conta do que acontecia. Gustavo, quando viu nos braços de Diogo sua sobrinha, arregalou os olhos incrédulo e gritou:

— Maria Rita! O que está fazendo aqui? Mandei que ficasse em casa.

Sem fôlego, não conseguindo falar, olhou para Diogo, que ainda permanecia com ela em seus braços, boquiaberto com sua beleza. Pediu ajuda com os olhos para que ele explicasse. Mas este se encontrava absorto em suas lembranças, que ainda permaneciam vivas em sua memória, da menina frágil de olhos espertos e a meiguice na voz. Não respondeu à pergunta de Gustavo, fitando-a com espanto e admiração.

— Pode colocar-me no chão, Diogo, estou bem.

Sem nada dizer, baixou-a suavemente até que percebeu que estava firme para largá-la. Sem tempo para maiores explicações, foram todos continuar o que estavam fazendo. Horas depois, cansados e exaustos, olhavam o estrago feito pelo fogo e pelos insetos. Desanimados, olharam-se, sem ânimo de falar, pois tinham consciência de que toda a plantação havia terminado, justamente na época da colheita. Gustavo foi o primeiro que conseguiu pronunciar alguma coisa.

— Venham! Vamos para casa, nada mais podemos fazer. Agora o que estamos precisando é de descansar e de um bom prato de comida.

Dispensou os escravos, agradecendo pelo esforço de cada um, prometendo que teriam um dia livre para o descanso. Martha encontrava-se em pânico, não sabia do paradeiro de Maria Rita. Mário tentava acalmá-la. Sebastiana fazia o jantar, orando por todos, quando ouviram vozes que já se faziam pelas redondezas da casa grande.

— Senhora, estão chegando, graças a Deus!

Com as caras sujas, roupas rasgadas, exaustos, jogaram-se pelos cantos da casa, tentando recuperar-se para responder a todas as perguntas.

— E você minha filha, queres mesmo que eu morra?

— Calma minha mãe, estou bem.

Só naquele instante é que Diogo se deu conta. Ela voltara, estava ali na fazenda. Como se naquele momento em que encontrara no meio do fogo fosse apenas um sonho. Olhou-a mais uma vez, para ter certeza de que era verdade. Como estava linda, que saudades sentiu de sua amiga e inesquecível irmãzinha, que sempre soube como acalmá-lo, nos momentos difíceis de sua infância. Maria Rita percebeu e interrompeu seus pensamentos.

— Não faça essa cara de bobo, venha, dê-me um abraço, também estava com muitas saudades.

Deram um longo abraço, todos ficaram olhando o carinho que os dois demonstravam. Oxalufam pôde ver que naquele momento Diogo não sofria influência do espírito de Frederico, e pôde perceber a contrariedade de Martha, que tentava interromper a cena, bastante constrangedora para ela.

— Vão lavar-se, estão imundos, o jantar está pronto e será servido.

Gustavo percebeu a maneira rude de Martha e acrescentou carinhosamente:

— Vamos todos, teremos tempo para colocar nossas conversas em dia.

Gustavo levantou-se e todos o seguiram, deixando apenas Mário e Martha na sala, aguardando-os.

— Sr. Mário, diga-me, acha que minha filha corre algum perigo.

— Perigo! Como assim?

— Bem, o senhor sabe, esse rapaz não está normal, pelo que entendi.

— Não, senhora, ela não corre perigo. Pelo que me parece, eles se gostam muito.

— Coisa de criança, logo vão perceber que já passou, são adultos agora.

— Mas sentimentos não passam, pelo contrário, eles crescem e se modificam com o tempo.

— O que está querendo dizer?

Foram interrompidos com a presença de Pedro acompanhado por Oxalufam.

— Este é o senhor Mário, o estudioso de que lhe falei.

Fez a apresentação, Oxalufam simpatizou-se imediatamente com aquele homem, seu sexto sentido não o enganava, poderia confiar nele.

— Muito prazer, senhor.

— Mário é o meu nome. O seu é Oxalufam. Estou certo?

— Sim, minha mãe me chamava assim, por causa do santo que carrego. O senhor entende o quero dizer?

— Um pouco, sei alguma coisa acerca de sua crença e de seu povo.

Logo após, Gustavo veio juntar-se a eles; alguns segundos depois, Diogo. Esperavam por Maria Rita, que atrapalhada com a mala tentava encontrar um vestido bem bonito para o jantar, queria impressionar mais ainda Diogo.

"Como ele está bonito, nem parece aquele menino tolo que vivia fazendo-me rir."

Encontrou um bem fresco, propício para o calor que fazia naquela noite, lavou os cabelos que caíam em cascata pelo ombro, exalando um cheiro de perfume suave, colocou uma lavanda de flores e desceu, consciente da sua beleza.

— Puxa, até que enfim! Pensei que teria de subir até o quarto. Demorou tanto minha filha, por quê?

— Ora, minha mãe, não seja indiscreta. Trata-me como uma criança. Lavei-me direitinho, coloquei a roupa certa para a ocasião, escovei os cabelos. Satisfeita?

Apesar do carinho de falar, perceberam que Rita chamava a atenção de sua mãe, que teimava em tratá-la como uma criança. Riram tentando deixar Martha mais à vontade, que corou com a observação da filha. Jantaram em silêncio. Estavam famintos e pensativos. Cada um tentava encontrar respostas para suas dúvidas, soluções para seus problemas.

Diogo, de vez em vez, olhava em direção a Maria Rita, e esta fazia o mesmo, disfarçadamente olhava-o de rabo de olho. Martha notou a troca dos seus olhares, ficando rubra de insatisfação e criando rugas de preocupação.

Gustavo pensava em como poderia resolver o problema financeiro que a fazenda com certeza iria passar, depois de tudo que acontecera. O mesmo pensamento era de Oxalufam e Pedro, que sabiam das dívidas que fizeram na compra de novos arados, equipamentos modernos, na esperança de facilitar o trabalho dos negros, remédios para a praga e novos grãos de café para uma safra melhor. Como pagariam? Investiram todas as reservas naquela colheita. Mário observava Diogo, tentando sentir alguma influência espiritual, mas o rapaz encontrava-se normal, com a fisionomia serena, o olhar meigo, a voz suave.

Diogo, encantado, nunca em sua vida, vira uma mulher tão linda. Só não conseguia entender que justamente ela, que sempre fora uma criança comum para seus olhos, tornara-se uma mulher tão fascinante, a ponto de fazê-lo esquecer que era sua irmãzinha tão querida.

Sebastiana, que não arredara os pés da sala de jantar, observava-o, percebendo seu interesse. Olhava para os olhos de Sinhá Martha, não gostava do que via. Ficou imaginando se já sabia da verdadeira paternidade de Diogo e qual seria sua reação, se soubesse que ele vinha a ser tio de Maria Rita.

O longo jantar terminou, retiraram-se para a sala de estar, interrompendo seus pensamentos, transformando-os em palavras. Oxalufam foi o primeiro, perguntando a Gustavo o que fariam e como conseguiriam dinheiro para pagar as dívidas.

— Precisamos encontrar alguma saída, meu caro amigo, sinceramente não sei qual. Pedro, será que temos alguma?

— Vou olhar em nossos livros, vou estudar todas as possibilidades, mas será difícil.

— Tio, eu e minha mãe temos algumas jóias; se vendermos, será que ajuda?

— Nossas jóias!

— Claro, mamãe! De que elas nos servirão, se perdermos a fazenda?

— Não as que ganhei do seu pai, é a única coisa que me restou.

— Não seja tola, minha irmã. Está sendo egoísta e injusta, o maior tesouro que Diogo deixou foi sua filha, que acaba de dar o exemplo de vida, mostrando quanto é generosa e desprendida dos bens materiais.

Pedro, Diogo e Oxalufam colocaram à disposição todas as suas economias. Mário apresentou seus bens disponíveis, que não eram quase nada, mas poderiam ajudar. Gustavo estava tão emocionado naquele momento, enquanto ouvia todos tentando ajudar a salvar a fazenda, que poderia jurar que ouviu sua irmã Lucya falar:

"Veja, meu irmão, nada importa. Só o amor de nossa família e dos amigos. Pois é com ele, o amor, que encontraremos forças para lutar e vencer os tropeços desta vida. Não é fugindo, ignorando, lamentando ou reclamando. É com união. Isso é o que importa."

Os olhos de Oxalufam encheram-se de lágrimas, a emoção tomou conta de todos naquele momento, até mesmo os que não ouviram, mas sentiram a força e a energia tomando conta de todo aposento. Martha, que era descrente, percebeu que algo de estranho estava acontecendo, um frio correu sua espinha. Mário, como bom vidente, acrescentou:

— Meus amigos, este momento de união fez com que o espírito de sua irmã Lucya estivesse aqui; sua felicidade fez-se sentir no coração de todos nós.

Pediu que todos dessem as mãos, fez uma prece em sua homenagem; as palavras de conforto ditas por Mário abrandaram a alma de todos, dando-lhes forças para resolver os problemas que ainda teriam de enfrentar.

Ainda emocionados, cansados, encerraram a conversa e foram para seus quartos. Mário ficaria no mesmo aposento em que Pedro estava. Durante a madrugada, ele debatia-se em seu sono, falando, a ponto de acordar Mário. Curioso, aproximou-se da cama para ouvir melhor, o que tanto balbuciava seu companheiro.

— Diga seu nome! Não entendo! Mãe, mãe Nonô. Ajudar, como? Não consigo ouvi-la, tem alguma coisa em sua boca, não consigo entender. Não vá! Fale. Diga onde posso encontrar...

Estava tão agitado, suando frio, que Mário resolveu acordá-lo.

— Pedro, acorde.

Assustado quando ouviu seu nome, sentou-se na cama. O suor corria por todo o rosto, perturbado, e começou a falar.

— Era ela, a mãe Nonô.

— Quem é mãe Nonô?

Pedro contou a Mário tudo o que sabia sobre a preta velha e acrescentou:

— Ela tenta dizer-me onde está, mas não consigo entender.

— Este espírito está perturbado. Pelo que você está contando deve encontrar-se presa em algum lugar, seu corpo não foi enterrado. Provavelmente está pedindo sua ajuda para encontrá-la.

— Mas, por que eu?

— Isso eu não sei, sua mediunidade talvez esteja ligada com esta preta velha.

— Oxalufam é seu filho, e está preparado para ajudá-la muito mais do que eu.

— Sim, seria o mais certo, mas há coisas das quais não temos a explicação. Se ficarmos procurando, provavelmente nunca a teremos. Seu espírito, o de mãe Nonô, ele provavelmente tem a resposta.

— O que faremos?

— Uma reunião, amanhã falaremos com Gustavo e Oxalufam. Tentaremos fazer contato com o espírito de Nonô.

Na manhã seguinte, todos estavam de pé, logo que o galo cantou; até os da cidade grande levantaram-se com o raiar do sol. Fizeram o desjejum e iriam para o cafezal ver o estrago; na luz do dia poderiam ver mais claramente quais foram suas reais proporções. Os escravos encontravam-se reunidos na senzala, assustados, sem saber o que fazer. Não havia mais plantação, o que fariam? O comentário não era nada animador. Perguntavam:

— Será que seremos vendidos?

— Oxalufam não pode permitir.

— O que ele poderá fazer? Não é nosso dono.

— É negro como nós.

— Provavelmente, irá para bem longe, ele é livre.

— Não! Ele é nosso protetor, não esquecerá de nós.

— Pois sim, vive com os brancos, age até como eles, não é mais o mesmo.

— É filho de Oxalá com Oxum, isso ele não pode esquecer.

— Mãe Nonô, faça com que seu filho não permita que aconteça mais nada com seu povo.

O falatório tomou várias proporções, o medo estava instalado, não queriam ser vendidos, enfrentaram muita tortura naquela fazenda durante muito tempo. Agora que viviam felizes, que a paz voltara, não eram mais torturados, não passavam fome, Oxalá não permitiria que os tempos ruins voltassem.

— Precisamos rezar, pedir ajuda aos orixás, fazer oferendas.

— Sim, falaremos com os orixás, eles nos ajudarão, pediremos que ajudem a fazenda, eles vão encontrar uma saída.

— Falaremos com Oxalufam, hoje mesmo faremos nossas oferendas, pediremos malembe aos orixás, invocaremos sua presença.

Enquanto isso, na casa grande, Mário falava do mesmo assunto, pedindo que uma reunião espiritual fosse feita, com a ajuda de todos, para que pudessem invocar o espírito de mãe Nonô. Depois de contar o sonho de Pedro, todos ficaram curiosos em como seria.

— Não temos a mínima noção de como isso é feito.

— E, meu irmão, é um sacrilégio invocarmos os mortos.

— Fiquem calmos, tenho certeza de que o Sr. Mário sabe o que está fazendo; é conhecedor das invocações espirituais e posso garantir que não há nada de errado, desde criança minha mãe fez-me participar de tal coisa.

— Mas você é negro, está acostumado com tal coisa. Nós fomos criados na igreja, somo cristãos.

— Martha, minha irmã, fique calma. Oxalufam sabe o que está falando, e não é porque é negro que é diferente de nós.

— Desculpe-me, não foi isso que eu quis dizer.

— Tudo bem, Dona Martha, não estou preocupado com o que falou. Sou negro e nunca vou esquecer disso; não é porque vivo na casa grande e faço parte do convívio da família, que esquecerei de minha raça.

Diogo estava calado, ouvindo; a raiva tomou conta do seu coração, estava claro que Martha tinha preconceito e jamais olharia para ele como branco; mesmo que não tivesse a cor negra, era filho de Sebastiana. Olhou para Maria Rita, precisava sentir se ela fazia a mesma discriminação por sua raça como sua mãe. Esta, como sempre, conseguia ler seus pensamentos.

— Não seja tolo, Diogo, consigo ler o que está pensando, nunca tive nenhum preconceito e jamais terei, minha mãe não falou por mal.

— Como sabe o que eu pensava?

— Muito simples, somos quase irmãos, meu coração está ligado ao seu.

Diogo deu um leve sorriso, acalmando-se e abrandando sua raiva.

O espírito de Frederico, que se encontrava pronto para interferir, encontrou uma barreira em Diogo. Ficou violento, espumando de raiva; a presença de Maria Rita era tão forte para a alma de Diogo, que seu coração não permitia outro sentimento que não fosse amor, impossibilitando sua interferência. Precisava agir, fazer algo, encontrava-se fraco, alimentava-se com a sua fraqueza. E para permanecer mais tempo naquele plano e completar sua vingança, precisava do seu corpo, usando sua alma.

Martha achou melhor calar-se; seu irmão olhou-a com censura e pediu que se calasse.

— Martha, chega de dizer bobagem. Está certo, sr. Mário. Quando faremos a reunião?

— Hoje mesmo, às seis horas da tarde. Precisaremos usar a sala de jantar, sentaremos em volta da mesa e, com uma toalha branca e um copo de água, rezaremos.

— Só isso?

— Só, não precisamos de mais nada, uma toalha branca, um copo de água e amor em nossos corações.

— Está certo, falarei com Sebastiana para providenciar. Agora, vamos para o cafezal.

Os homens retiram-se, deixando as mulheres ocupadas com seus afazeres. O dia transcorreu lentamente; os escravos estavam todos ocupados no manuseio das oferendas, logo depois de falarem com Gustavo e Oxalufam sobre o desejo de pedir ajuda aos orixás, e terem permissão. E como nada mais tinham a fazer, dedicavam-se às estranhas comidas dos orixás. Tendo a orientação de Oxalufam, prepararam tudo, como mandam os preceitos da mãe África.

Faltavam poucos minutos para as seis horas. Mário encontrava-se na sala de jantar, trajando uma vestimenta branca, cor que aconselhou a todos usar para aquela ocasião, aguardando o momento, perdido em suas orações, quando Oxalufam chegou.

— Sr. Mário, meu povo encontra-se agora na cachoeira, espero que nossa crença não atrapalhe seu trabalho.

— É claro que não. Seja ela qual for, se fala sobre o amor, paz e principalmente em nome de Deus, mesmo que para vocês este Deus tenha outro nome, ele é o mesmo, e é isso que importa.

Ficaram conversando por alguns segundos, enquanto os outros não chegavam. Logo após, Gustavo, Pedro, Maria Rita e Martha encontravam-se sentados, aguardando por Diogo, que não aparecia.

— Por que será que ele demora tanto?

— Vou até o seu quarto, meu tio.

— Não, minha filha, deixe que eu vou.

— Ora, minha mãe, fique aí mesmo.

Sem esperar resposta, Maria Rita levantou-se para chamar Diogo. Bateu na porta três vezes, nenhuma resposta; começou a chamá-lo.

— Diogo! Sou eu, Maria Rita, abra.

Com os olhos arregalados de medo, sua voz mal conseguia sair, andava de um lado ao outro.

— Vá embora, não quero falar com ninguém.

— Diogo, estamos aguardando por você na sala. Venha.

— Não posso, não vou.

— Vamos, abra a porta!

Depois de insistir muito, Diogo não resistiu ao seus apelos. Abriu a porta desconfiado, olhando para os lados, querendo certificar-se de que não havia mais ninguém com ela.

— Não seja tolo, estou sozinha como lhe falei, não mentiria para você.

— Entre, vou fechar a porta.

— Por que está com medo, e de quem?

— Eu não sei direito, mas hoje estou um pouco perturbado, e quando me sinto assim, não consigo olhar para Oxalufam, sinto um ódio!

— De Oxalufam? Mas sempre gostou dele, não entendo.

— É complicado, mas acontece sempre que aquele homem aparece.

— Você quer dizer meu avô, Frederico.

— É. Mas como sabe?

— Sei mais do que você, mas depois explico. Agora venha comigo, vou levá-lo, estão aguardando por você, para começar a reunião.

— Eu não vou, já disse, tenho medo, e ele não quer que eu vá.

— Você vai obedecê-lo?

— Vou! Já falei, não consigo dominar, fico com minha cabeça atordoada.

— Pois não ficará, eu prometo. Estamos juntos, acredite, nada nem ninguém nos fará mal.

Depois de muito tempo, todos estavam aflitos com a demora dos dois. Gustavo resolveu interferir e foi até eles, encontrando-os já a caminho.

— Estamos descendo, tio. Diogo não queria vir, consegui convencê-lo.

— Por que, Diogo?

— Estou apavorado.

— Não fique, o Sr. Mário é um bom homem, e ele só quer ajudar.

Todos se encontravam sentados com as mãos dadas; a luz das velas dava um clima de mistério; o silêncio tomou conta por alguns segundos, sendo logo interrompido pela voz suave de Mário, que lia em voz alta preces espíritas de um livro desconhecido por todos.

Diogo sentia-se muito mal, calafrios corriam por seu corpo, sua camisa encontrava-se encharcada de suor, suas mãos tremiam, tentava segurar as mãos de Maria Rita que, em silêncio, rezava, pedindo ajuda para seu amigo. Vendo que nada trazia sua melhora, chamou por Mário.

— Senhor! Diogo não está bem.

— Eu sei, minha filha, fique calma, é o espírito que está ao seu lado que o perturba. Continue rezando.

As preces continuavam com fervor, enquanto Mário tentava comunicar-se com o espírito de Frederico, que relutava em falar e usava suas forças para incorporar em Diogo. Este, bastante abatido e cansado, com a energia sendo consumida, deixou-se abater, dando passagem para o espírito de Frederico usar sua matéria. Com um soco violento na mesa começou a bravejar palavras de ódio, blasfemando e culpando a todos por sua morte. Por mais que Mário tentasse manter um diálogo, era difícil. Aquele espírito rebelde de Frederico, cheio de ódio, encontrava-se na ignorância da sua condição e, da maneira que havia tirado sua vida, não dava nenhuma abertura para ele, que por mais que rezasse não conseguia se comunicar.

Diogo mudara totalmente as feições, sua voz rouca era idêntica à do falecido. Martha estava apavorada, a suposta presença daquele homem deixava-a transtornada, queria gritar, culpá-lo pela morte do seu marido, mas a voz não saía, o máximo que conseguia era respirar, mas com dificuldade. Frederico continuava a dizer coisas sem nexo, xingava Oxalufam, falava do seu ódio, da mulher que ele havia roubado, das mortes que cometera, até que falou o nome de Nonô.

— Seu canalha, o que fez com minha mãe?

Uma risada alta e estridente se fez na sala; neste exato momento, o rumor dos tambores fizeram-no calar. Cheio de ódio, começou a gritar.

— Este barulho, eu não quero ouvir, pare! Mande que parem com este som!

Mário percebeu que algo naquelas músicas o perturbava, olhou para Oxalufam esperando por uma explicação.

— São as músicas que cantamos para os nossos orixás, esta em especial é para Iansã.

— Sim, mas quem é ela? O que quer dizer? Por que este irmão ficou tão perturbado?

— É a entidade que leva todos os eguns, espíritos que já morreram e precisam encontrar o seu caminho. Enviada dos deuses para esta tarefa.

Frederico continuava a gritar. Gustavo estava bastante assustado, parecia que tudo havia fugido do controle. Nunca poderia imaginar que existisse tal coisa. Martha estva em estado de choque; Pedro, compenetrado, não sentia medo, calmo rezava com fé; Maria Rita, com os olhos fechados, sentia-se tonta e atordoada, um pouco confusa sem entender o que realmente estava acontecendo, sem largar a mão de Diogo que, por mais que Frederico tentasse tirar, não conseguia. Gesticulava, socava a mesa, mas só com uma mão.

— Vou matá-lo, Oxalufam! Negro nojento. Vou levar você para o inferno.

— Mas antes, diga-me, onde está minha mãe? O que fez com ela?

— Está morta. Mandei matá-la.

Uma violenta rajada de vento, vinda por todos os lados, abrindo janelas, apagando velas, acompanhada por trovão, fez com que todos levassem um grande susto. A pedido de Mário, que implorou para que continuassem concentrados, não interrompendo a corrente de oração, controlaram o medo ao sentir a cena fantasmagórica que se formou no ambiente. De repente, Mário olhou assustado para a porta de entrada da sala. Uma figura completamente estranha para seus conhecimentos espirituais, trajando vestimenta colorida, nunca vista por ele, aparecia na porta trazendo um espírito de uma preta velha ao seu lado, com os olhos vendados. Oxalufam, sentindo a presença da entidade, olhou para a mesma direção. E uma mistura de alegria e espanto se fez no olhar.

— Mãe! Obrigado Iansã, conseguiu encontrá-la.

Um brado forte saiu dos seus lábios como resposta. Com um gesto violento das mãos impediu que ele se levantasse. Pedro abriu os olhos, pôde ver e ouvir Iansã, que apontou sua pequena espada de ferro para ele, em um gesto de pedido para que se aproximasse. Sem medo e com coragem, caminhou até a imagem daquela mulher. Em sua mente suas palavras se fizeram pronunciar.

— Meu filho, será meu mensageiro. Encaminhará todos até o teu quarto, e lá, por detrás do quadro, em frente à cama, está mãe Nonô.

Dizendo isso, afastou-se, sumindo entre fumaça, vento e trovão, levando o espírito de Nonô. Pedro voltou para seu lugar, e ainda parecendo em transe, falou.

— Mãe Nonô está na parede do meu quarto, foi emparedada ainda com vida, e que Deus perdoe a quem fez isto.

O espanto foi geral. Horrorizados com o que acabavam de ouvir, olhavam para Frederico, que não parava de rir. Ria, vangloriando-se do ato desumano que cometera ainda vivo. Oxalufam sentia tanto ódio em seu coração, esquecendo-se de que ele já estava morto, voou em sua direção, na intenção de matá-lo. Em sua cabeça, só passavam lembranças do sofrimento que ele causara à sua mãe e à sua amada.

— Espírito amaldiçoado, satanás, é a encarnação perfeita do mal.

— Cale-se, Oxalufam, não diga nunca estas palavras, é só um espírito precisando de luz.

— Não! É o mal! Este espírito é a coisa ruim, foi em vida e continua sendo depois de morto.

Gustavo segurou-o, impedindo que ele avançasse em Diogo, pois Frederico, covardemente afastara-se da matéria, deixando-o caído, completamente inconsciente. Mário terminou a reunião com uma prece de agradecimento. Estavam exaustos, a energia que consumiram foi muita, não tinham coragem de levantar, muito menos fazer a refeição. Diogo, completamente exausto, mal conseguia perguntar o que havia acontecido, pois não conseguia lembrar de quase nada. Martha encontrava-se em estado de choque. Em sua cabeça havia dúvidas e perguntas que gostaria de fazer, uma mistura de credibilidade com desconfiança tomava conta do seu coração, não sabia mais o que pensar. Maria Rita tentava acalmar Diogo, contando-lhe com detalhes tudo que fora dito, enquanto esteve aparentemente ausente.

Oxalufam e Gustavo perguntavam-se se deveriam ir imediatamente ao quarto do falecido coronel, seu pai, e verificar se tudo que foi dito era verdade, ou aguardariam mais alguns dias. Foram interrompidos por Mário:

— Devemos deixar esta averiguação para amanhã, já está tarde, e estamos muito cansados, não estão acostumados com este tipo de reunião, acho melhor comermos alguma refeição leve e dormirmos.

— Estou de acordo, imaginem se for verdade! O que vamos encontrar lá não será nada agradável.

Martha estava certa na sua observação; todos concordaram, apesar de Oxalufam estar ansioso para achar o corpo de sua mãe, e enfim fazer o enterro que tanto merecia para sua alma encontrar a paz, teve de aceitar e conformar-se. Nenhum deles conseguiu dormir direito, durante a madrugada. Sons estranhos se fizeram na casa.

Diogo era perturbado pelo espírito de Frederico em seu sonho, que não aceitava a idéia de acharem o corpo de Nonô. Por mais que Diogo perguntasse a causa, não encontrava respostas esclarecedoras, acordando a todo momento, até que vencido pelo cansaço adormeceu profundamente. Sonhava com ele mesmo, só que com uma outra aparência. Encontrava-se no quarto do coronel; em sua mão, havia algo pontiagudo, não conseguia distinguir o que era, via-se afastando um quadro pesado, o mesmo que ainda permanecia lá. Começou a bater na parede, fazendo uma fresta do tamanho de um buraco. Pegou algo como um pacote; quando tentava identificar o que era, Frederico aparecia no quarto. Com uma expressão diabólica nos olhos, urrou palavras sem nexo. Seu sonho virou um pesadelo, pois uma luta mortal se fez entre os dois. Começou a gritar por socorro, suando e debatendo-se como se brigasse de verdade. Foi despertado por sua mãe, em companhia de Oxalufam.

— Calma, meu filho, acorde.

— Mãe! Estava tendo um pesadelo, era tão estranho.

— Com aquele homem?

— Sim, mas eu encontrava-me no quarto do coronel. Engraçado, eu me parecia muito com ele.

— Oxalufam poderá explicar para você o por quê do seu sonho. Por favor, Oxalufam, explique para meu filho tudo que você sabe sobre essa história de...

— Reencarnação, é esta a palavra. Vou explicar, mas deixaremos para outro dia, precisamos descansar. Sente-se melhor agora, Diogo?

— Sim, podem ir, vou ficar acordado, assim não serei perturbado.

— Ficarei com você, meu filho. Pode ir, Oxalufam, amanhã será um dia bastante difícil para você.

O galo cantava anunciando que a longa madrugada terminava. Oxalufam, que não dormira, encontrava-se já de pé, aguardando pelo movimento dos escravos, que logo após ouvirem o cantarolar do galo estavam de pé. Comunicou para seu povo o ocorrido na noite anterior, a aparição de Iansã, e agradeceu a ajuda de todos, quando invocaram os orixás. Pediu que fosse providenciado o ritual para o enterro de mãe Nonô. Os negros ficaram emocionados com a história, ao mesmo tempo horrorizados com a maldade de Frederico. As recordações fizeram-se na memória de cada negro vítima das suas perversidades.

Inconformados por saber que mãe Nonô sofreu a pior delas, choravam de tristeza, pois nada puderam fazer para amenizar seu sofrimento. Oravam e cantarolavam cantigas africanas, enquanto lembravam da sua bondade, de quanto ela ajudara seu povo a passar pelas provações dando-lhe forças e resignação, de suas rezas santas, de suas palavras sábias, da voz meiga e suave que tanto confortava os negros.

Na casa grande já estavam prontos, aguardando por Oxalufam para iniciar a difícil tarefa.

Todo vestido de branco, trazendo sua cabeça coberta por um turbante, Oxalufam apareceu, avisando que tudo estava pronto. Trazia em uma das mãos a picareta; na outra, uma terrina com ervas, preparadas em fusão.

— Por favor, vocês precisam banhar-se com estas ervas, antes de começarmos. Podem ficar tranqüilos, só estou protegendo o corpo de vocês. É um ritual que praticamos para este momento.

— Não estamos preocupados, confiamos em você.

Depois de falar, Gustavo olhou para todos, acenando com a cabeça que deveriam obedecer Oxalufam.

Uma hora depois, encontravam-se no quarto. Pedro foi em direção do quadro e retirou-o do lugar.

Diogo, quando viu a cena, arregalou os olhos, lembrando-se do sonho, ainda nítido em sua memória.

Pedro olhou para Oxalufam e, apontando para o lugar certo, falou:

— É aqui, pode bater. Tenha cuidado, não deve estar muito profundo. Se batermos na parede, o som sai oco.

Oxalufam iniciou as pancadas, pedaços de barro misturados com tijolos começaram a cair com facilidade, logo fazendo um pequeno buraco. O quarto foi invadido por um cheiro de podre. O silêncio permanecia, a parede estava tão solta, que Gustavo e Oxalufam continuaram a cavar com as mãos, tijolo por tijolo, quando na escuridão da parede viram o esqueleto, com pedaços de trapos que ainda resistiam ao tempo, tampando os olhos e a boca.

O horror tomou conta das mulheres; um grito abafado saiu dos seus lábios, da mesma forma que uma violenta corrente fria saiu do buraco naquele exato momento em que o esqueleto do cadáver de Nonô aparecia. Palavras de perdão e preces foram feitas por Mário e Pedro, que, como por milagre, não conseguia ver o esqueleto mas sim o espírito da preta velha que, já sem as vendas e com a boca livre, falou-lhe:

— Obrigada Neco, não se esqueça, seu nome é Neco, fale com Sebastiana, diga-lhe que estou devolvendo seu filho. E que durante todo este tempo guardei comigo o papel maldito que afastou você dela.

Enquanto tiravam o esqueleto com cuidado para não quebrar, do pequeno buraco na parede, perceberam que em sua mão direita havia um saco, ainda agarrado em seus dedos.

— Mas o que é isto, Oxalufam?

— Não sei, está preso entre seus dedos.

Diogo, sem perceber o espanto que fazia em seu olhar, aproximou-se quase em transe.

— É todo o dinheiro da venda das crianças negras.

Gustavo, espantado, perguntou:

— Mas como sabe?

— Eu sei, estava aqui quando Nonô foi emparedada ainda viva.

— Não entendo, o que está dizendo!

Mário fez um sinal para Gustavo calar-se, deixando Diogo continuar.

— Foi um homem que esteve aqui em meu quarto junto com Frederico. Eles fizeram isso com ela. Tentei interferir, tinha medo que eles encontrassem meu dinheiro, havia escondido bem atrás do quadro, onde fiz um pequeno buraco. Nonô, quando percebeu que havia esse saco bem do seu lado, antes de morrer, conseguiu pegá-lo, guardando-o em seu poder. E por isso, ninguém, durante todo esse tempo, conseguiu achá-lo.

— Diogo! Como sabe essa história toda? Este dinheiro foi do meu pai, quando cometeu o maior erro de sua vida ao vender aquelas crianças.

— Eu não sei, mas é verdade tudo que estou falando.

Sebastiana, emocionada, acrescentou:

— Reviramos esta casa de cabeça para baixo, estive neste quarto por várias vezes, cheguei mesmo a pensar que o dinheiro estivesse escondido aqui, mas nunca encontramos nada. O capataz veio muitas vezes neste quarto, não encontrou nenhum vestígio que o levasse ao dinheiro. Se mãe Nonô guardou-o, nas condições em que se encontrava, com certeza não foi por acaso.

Pedro, com as lágrimas que corriam em seus olhos, aproximou-se de Sebastiana e falou emocionado.

— Não foi não! Mandou-lhe dizer, quando seu espírito saiu do cativeiro, que estava lhe devolvendo o filho, pediu para lhe falar que meu nome é Neco.

Sebastiana colocou a mão na direção do coração, uma pontada em seu peito tirou-lhe as forças. Se Pedro não fosse rápido, com certeza teria caído.

— É verdade, minha mãe, eu sou o Neco, seu filho. Graças a Deus e ao divino, fizeram justiça, colocando Gustavo em meu caminho e, consequentemente, trazendo-me de volta ao lar.

— Meu filho! Meu querido filho. Obrigada, meu Deus, obrigada, meus orixás, perdoem meus pecados, que foram muitos, os quais acometida pelo ódio, pratiquei contra esta família.

— Sebastiana, Deus já a perdoou, trouxe seu filho de volta, e foi tão misericordioso com ele, que mesmo sem saber, eu pude ajudálo. Quando o encontrei sendo maltratado, o único dinheiro que ainda restava no bolso foi a quantia certa para comprá-lo.

— Pois saiba, Sr. Gustavo, que Neco, o menino negro que salvou e do qual foi amigo e justiceiro, é seu irmão, filho do coronel seu pai.

A emoção era evidente, os dois abraçaram-se, se já eram tão amigos, agora que tinham conhecimento de que em suas veias corria o mesmo sangue, seriam muito mais que isso.

Oxalufam tentava tirar o saco de entre os dedos de Nonô, quando Diogo perguntou:

— O que faremos com este dinheiro maldito?

Todos se olharam esperando alguma resposta. Precisavam muito de dinheiro, mas não poderiam, aquele não. Oxalufam deitou o esqueleto em um lençol branco, enrolando-o com cuidado, e, com mais cuidado, levaram-no para fora da casa.

Os negros vestidos de branco aguardavam de joelho e, rezando suas cantigas africanas, colocaram o lençol num pequeno caixão de madeira rústica, cobriram de flores-do-campo e fizeram o cortejo até a cachoeira. Lá chegando, deram início ao ritual, acompanhado pelos senhores, rezaram por sua alma. Quando tudo terminou, Oxalufam ficou em pé na maior pedra da cachoeira e, emocionado, falou:

— Meus irmãos, este saco que tenho nas mãos é o dinheiro maldito da venda de nossas crianças. Encontramos na mão de mãe Nonô e acreditamos que, mesmo em agonia, ela conseguiu guardálo, ficando em seu poder durante tanto tempo. Com certeza na esperança de que um dia fosse encontrada e, enfim, pudéssemos fazer justiça. Eu agora pergunto a vocês: o que devemos fazer com ele?

Os negros olharam-se, as negras que haviam perdido seus filhos choravam com as lembranças. O ancião querido por todos falou com a voz rouca e cansada, mas com a sabedoria do tempo e da alma sofrida.

— Minha gente, se Mãe Nonô foi soterrada justamente onde ele estava escondido, foram os orixás. Nada é por acaso. Não é isso que os antigos falam?

— Bem, Oxalufam, acho que os orixás estão respondendo ao nosso pedido. Os senhores da casa grande estão precisando do dinheiro, e nós também. Imagine se formos vendidos para algum fazendeiro tão mau quanto o senhor Frederico.

— É isso que vocês pensam? Estão de acordo?

Responderam que sim, todos ao mesmo tempo. Oxalufam desceu da pedra; foi até Gustavo e estendendo o saco do dinheiro e colocando-o em suas mãos, falou:

— É de vocês, salvem a fazenda!

— Obrigado. Eu juro! Em nome de Nonô e da minha irmã Lucya, e tentando corrigir um grande erro do meu pai, todos serão livres nesta fazenda. Vamos recuperar tudo o que foi queimado, faremos uma nova plantação de café, e aqueles que quiserem ficar para ajudar no trabalho, ficarei muito feliz, mas serão livres para escolher. Nada mais faltará a vocês, eu prometo.

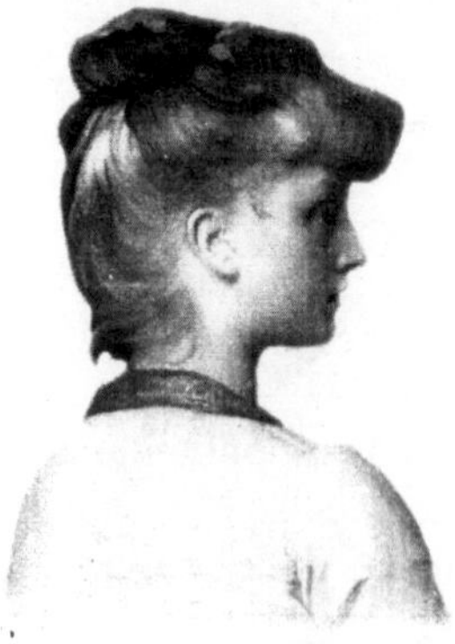

Capítulo VI

Resgate das almas de Frederico e Lucya

Dois anos depois...

A fazenda encontrava-se em plena produção de café. Os negros, livres, faziam parte do quadro de trabalhadores, com direito de permanecer morando nas terras e ganhar proventos da colheita, o que fez com que, pela primeira vez na vida, fossem tratados como pessoas. Esforçavam-se para esquecer o tempo do cativeiro, em que eram tratados como animais.

Maria Rita e Diogo descobriram que se amavam muito, não como irmãos, mas como homem e mulher, e marcariam o casamento para breve. Apesar de toda resistência de Martha, que relutava em aceitar tal união, o amor dos dois a cada dia ficava mais forte. Certa vez, em uma reunião espírita, encontrou explicação do amor de sua filha com o Diogo, e de que nada adiantaria se opor, já estava predestinado. Mas, mesmo assim, não conseguia aceitar aquela união. Nem ela mesmo conseguia saber o porquê, mas seu coração rejeitava Diogo. Até que chegou o dia em que todos os segredos foram revelados: o nascimento de Neco, seu verdadeiro pai, o de Diogo e quem foi seu pai e, por fim, quem foi Diogo na vida anterior. Martha teve a resposta que tanto afligia seu coração; sendo ele a reencarnação do seu pai, não teve mais dúvida, temia pela felicidade de Maria Rita, pois as lembranças do sofrimento de sua mãe ainda eram vivas em sua memória.

Sebastiana encontrava-se doente, sua saúde não fora mais a mesma, desde que descobrira que Pedro era seu filho. Ele insistia em falar, deixando-a, apesar de feliz, com a saúde bastante abalada. Quase não mais conseguia levantar, passava a maior parte do tempo deitada, rezando, pedindo perdão a Deus pelos pecados cometidos no passado, mostrando o quanto estava arrependida. E o misericordioso Pai reconheceu seu arrependimento, dando-lhe a graça de ter seus filhos a seu lado, preenchendo sua vida com amor e carinho. Maria Rita foi incansável nos cuidados com a paciente, lembrando a meiguice de sua tia, não a deixava só, ficando sempre ao seu lado até os últimos dias de sua vida, que não demoraram mais de seis meses.

Martha e Gustavo dedicavam-se aos estudos e à leitura espiritual, mantendo correspondência com Mário, que se encontrava na cidade grande, e toda novidade que surgia a respeito dos ensinamentos espirituais ele tratava de escrever para os amigos. Antes de partir para a cidade, Mário fez várias reuniões de doutrina, conseguindo um grande avanço na evolução do espírito de Frederico.

Contando com a ajuda dos irmãos espirituais, pôde enfim esclarecer e fazer com que ele aceitasse sua condição espiritual. Mas quanto ao ódio que nutria por Lucya e Oxalufam, pouco conseguiram fazer para abrandar seu coração. E por esse motivo os dois irmãos comprometeram-se a continuar lutando para salvar sua alma, e assim conseguir com que ele deixasse Diogo em paz.

Pedro e Diogo trabalhavam com fervor na fazenda, sempre contando com ajuda de Oxalufam, que apesar de cansado de viver, cumpria fielmente o que prometera a Lucya em seu leito de morte: não abandonou seus familiares.

Oxalufam, todas as noites em suas preces, rogava para que Lucya viesse buscá-lo. Seu amor continuava o mesmo e a saudade era muita. Lembrava-lhe a promessa que lhe fizera. E baseado em sua promessa, seu coração enchia-se de esperança, dando-lhe paciência para aguardar o seu grande momento, quando suas almas se encontrariam, para todo o sempre.

"Meu amor, cumpro o que lhe prometi, mas não se esqueça de sua promessa, a minha hora vai chegar, e estarei esperando por você."

Toda semana a família reunia-se na segunda-feira, sempre às seis horas, e contavam com a ajuda de alguns negros que faziam parte da corrente mediúnica. Continuavam na tentativa de doutrinar o espírito rebelde de Frederico. Depois de muitos pedidos aos irmãos de luz, conseguiram trazer naquela noite para a sessão, o espírito de Lucya, que, a esta altura, já se encontrava preparada para cumprir sua missão: enfrentar o ódio de Frederico, esclarecer e abrandar seu coração, que continuava nas trevas do ódio, culpando-a de fugir com seu filho Diogo, sem ter consciência de nada que havia acontecido.

Naquela reunião, estavam todos preparados para enfrentar o duelo que teriam de travar com a alma de Frederico. Gustavo fora avisado em seu sonho que seria de grande importância a concentração de todos para aquela sessão, ninguém poderia ficar distraído ou desatento a suas preces. Depois de comunicar o que deveria ser feito, deram início. Fizeram as preces de abertura, pediram proteção aos irmãos de luz e, com as mãos dadas em uma corrente, concentraram-se, aguardando o momento seguinte.

Um vento forte penetrou pela sala, derrubando tudo que encontrava na frente, apagando velas acessas e fazendo com que os cabelos do corpo e da cabeça de todos ficassem arrepiados. Gustavo segurou as mãos com força, pedindo que não tivessem medo e, acontecesse o que acontecesse, não perdessem a concentração. Gritos misturados com sussurros se fizeram ouvir perto da mesa em que eles continuavam com seus olhos fechados, rezando mentalmente. O copo que se encontrava em cima da mesa voou para longe, indo de encontro à parede e espatifando-se; mas, mesmo assim, continuavam suas orações, quando uma voz fantasmagórica, cheia de ódio, gritou:

— Não querem falar, pensam que me enganam?

O silêncio continuava, Frederico estava ficando cada vez mais irritado, não conseguia mais usar o corpo de Diogo, precisava de alguém que fosse fraco, para sugar sua energia, pois se encontrava cada vez mais enfraquecido, cansado, sem conseguir sair daquela casa. Passou por cadeiras vazias, tentando jogá-las no chão, e falava com uma segunda pessoa que se encontrava em seu plano espiritual.

— O que você quer agora? Já estou farto de você, vá embora, deixe-me em paz.

— Não, meu caro, vou infernizar sua existência.

— Ela já é um inferno. O que quer mais?

— Quero que você sofra, tirou minha vida, agora ficarei ao seu lado para sempre.

— Não ficarei aqui para sempre; assim que conseguir sair desta maldita casa, vou atrás de Lucya e Diogo, e os matarei também.

— Isso, é isso mesmo que tem de fazer. Eles fugiram para viver um amor pecaminoso, deixaram-no sozinho.

— Pare de falar! Não agüento mais ouvir suas histórias.

Todos puderam ouvir aquele diálogo, mas não conseguiam entender o que estava acontecendo. Quem era aquele espírito? Nunca souberam da presença dele na casa, nunca se manifestara. E por que perturbava Frederico, querendo vingança?

Uma luz forte de cor azulada se fez no centro da mesa, um perfume de rosas tomou todo o aposento, e a sensação de paz invadiu a alma de cada um; tiveram a certeza de que alguém chegara para ajudá-los, não estavam mais sozinhos. O agradecimento foi imediato.

— Obrigado, Senhor, obrigado por ouvir nossas preces.

Frederico e seu atormentado acompanhante ficaram espantados quando reconheceram Lucya. Formosa, suave, a luz que fazia em sua aura era de um dourado, que ofuscava seus olhos, queriam precipitar-se em sua direção, mas uma força invisível não permitia. Dos lábios de Frederico só saía blasfêmia.

— Chega de blasfemar, meu amigo. Não vê que de nada adianta? Sou um espírito como você, já partimos do mundo dos humanos há muito tempo. Não compreendeu até agora o tempo que está perdendo dando ouvidos ao coitado do capataz, que também foi vítima de suas maldades.

Os dois falaram ao mesmo tempo.

— O que está dizendo! Você morreu?

— Sim, da mesma forma que vocês estão mortos.

— E Diogo meu filho, o que fez com ele?

— Seu filho está muito bem, encontra-se cercado de amigos, gozando de um aprendizado que muito o tem ajudado e vai nos ajudar brevemente.

— Quero vê-lo, não acredito em você.

— Não pode ainda, precisa aprender muitas coisas, principalmente esquecer o ódio que sente no coração; só depois disso poderá ver Diogo.

— Por que ele não está na fazenda, e sim este rapaz idiota que atende pelo seu nome, mas não é ele?

— Porque seu filho partiu naquela noite em que você, Frederico, se matou. Faça um esforço e tente lembrar-se.

Apontando seu dedo na direção da testa de Frederico, Lucya falou com a voz mais suave e compreensiva que alguém poderia ouvir.

— Lembre-se! Cometeu o sacrilégio de tirar a vida do seu filho, pensando ser Oxalufam ou meu pai, que já não mais pertencia a seu mundo. Seu ódio era tanto que, na escuridão desta sala, bastou ver um vulto para você atirar.

Desesperado, Frederico jogava-se ao chão, como se revivesse aquela cena. Lágrimas de desespero corriam pelo rosto, a dor que sentiu naquele momento era a mesma que sentira, um grito abafado saía de sua garganta.

— Meu filho! Meu Deus, eu matei meu filho. Perdoe-me, meu filho, perdoe seu pai, não sabia o que estava fazendo.

— Nunca o soube. Seu filho já o perdoou, só está triste em ver que se nega a sair das trevas. E é por isso que estou aqui, vim para levá-lo; mas só conseguirei, se você souber perdoar, esquecer seu ódio e quiser me acompanhar. Quanto a você, Tião, se também estiver arrependido, poderá nos acompanhar.

Ficou aguardando pela resposta, teria de sentir seu arrependimento, orou pedindo que sua missão fosse um êxito. Quando percebeu que ambos choravam, abraçados, que Tião estava compadecido em ver o sofrimento de Frederico, agradeceu aos céus por cumprir sua missão.

Olhou para seus entes queridos, que continuavam concentrados e emocionados ao mesmo tempo. Lucya dirigiu uma prece a Deus, em homenagem a todos, e mostrou sua felicidade em vê-los unidos. Falando palavras de amor e agradecimento, dirigiu-se a um por um.

— Gustavo, meu irmão, tamanha é minha felicidade em ver o quanto mudou, em saber que nobre se tornou, e de que nada importou, a vida no seu passado, pois sua alma é nobre e sempre continuará sendo.

— Martha, minha irmã, estou feliz em ver que enfim conseguiu aprender a amar este lugar, que com seu sofrimento, e sozinha, aprendeu a deixar de ser egoísta, e principalmente que nada importa mais do que estarmos juntos em família.

— Diogo e Maria Rita, meus filhos queridos, abençôo a união de vocês e rogo a Deus que suas almas juntas novamente não se percam mais em desunião e desarmonia. Lembrem-se de que precisam resgatar um erro do passado e juntos construir um lar digno e com amor e respeito. Não importando nada, só o amor. Maria Rita, seja uma boa mãe, nunca se submeta aos caprichos da vida, sendo forte e justa, e principalmente mantendo a família unida. Diogo, não se deixe levar pela vaidade, pelo vício. Lembre-se: nada é mais importante que a dignidade, a honestidade e a humildade.

— Pedro, meu irmão, não importa o que sofreu, mas nosso misericordioso Pai fez justiça, e, graças à sua misericórdia, você voltou ainda a tempo para os braços de sua mãe. Abençoado seja o nosso Mestre, que sempre sabe o que faz com seus filhos. Não se esqueça, quando for pai neste mundo, saiba que por mais sofrimento que possa ter em relação aos filhos, não importa, pois nosso Mestre é sábio e misericordioso. Reze, pois ele estará sempre ao seu lado.

— Oxalufam, meu grande amigo, meu companheiro dos momentos difíceis, muito obrigada por tudo, nunca poderei esquecer o que fez por mim e minha família. Os caminhos do destino são tortuosos, mas se existe o amor verdadeiro, conseguiremos vencer todos eles, mesmo que leve séculos para percorrê-los. Minha alma estará sempre ao seu lado, meu espírito jamais deixará de pensar que um dia, em algum lugar, iremos nos encontrar. Não importa o tempo que leve, não importa quanto tenhamos de aprender para chegarmos lá, mas sei que chegaremos.

Enquanto dizia isso, a sala estava repleta de luzes, vários irmãos encontravam-se lá para ajudá-la a terminar sua missão.

— Vamos, Frederico, temos um longo caminho a percorrer, neste plano espiritual e na próxima reencarnação. Dê-me sua mão, vamos juntos aprender.

As luzes apagaram-se e o silêncio tomou conta de tudo, até dos seus pensamentos. Olharam-se aturdidos, jamais esqueceriam aquela reunião, talvez nunca mais conseguissem participar de um ensinamento tão direto com espíritos como naquele dia, mas em suas memórias e para todo o sempre as palavras de Lucya ficariam gravadas.

Oxalufam pediu licença e levantou-se, saiu lentamente indo em direção à cachoeira; seus companheiros, os negros, quando o viram passar pela senzala, compreenderam e sentiram o sofrimento que sua alma sentia naquele momento, e resolveram em silêncio acompanhá-lo. Quando lá chegou, suas lágrimas e seu pranto fizeram-se ecoar por toda a mata, o som das águas que jorravam com a força da natureza misturava-se com seu apelo a Oxum, e o canto de lamento à mamãe Oxum foi entoado pelos negros.

Embaixo de uma queda, Oxalufam abria os braços e implorava à deusa das águas que abrandasse seu coração, dando-lhe forças para esperar pela misericórdia divina, colocando seu caminho junto ao de Lucya, para que eles pudessem viver o grande amor.

— Não importa, Mãe Oxum, quanto tempo leve, não importa que eu tenha de passar por qualquer sofrimento, não importa que eu tenha de esperar quantas encarnações forem necessárias para que isso aconteça. Mas por Deus, Oxum, ajude-me!

Quinze anos depois...

A paz e o amor reinavam na fazenda de café. Os negros não mais escravos trabalhavam com afinco e prazer, fazendo com que seus donos ficassem cada vez mais ricos, e nada lhes faltava. Os irmãos dedicavam-se inteiramente a prestar ajuda aos necessitados, levando sempre a todos palavras de amor e compreensão, ajudando-os a compreender os desígnios do Mestre maior.

Maria Rita e Diogo casaram-se e tiveram três filhos; a mais velha chamava-se Clara, a meiguice e a beleza era a imagem da sua falecida tia Lucya, que sempre era lembrada com carinho por todos.

Pedro também casou-se com uma linda negra, que conhecera em uma outra fazenda; tinham um filho, Fernando, rebelde, não aceitava sua cor, o que deixava seus pais bastante preocupados, tentando fazer com que ele aceitasse sua raça.

Na cachoeira morava Oxalufam. Desde de que envelhecera não mais saiu de lá; vivendo em sua caverna, encontrou a paz e a resignação. Vivia com a natureza, dedicando-se às preces e aos ensinamentos da sua religião. A sua maior alegria era esperar por Clara, que se tornara uma amiga inseparável. Seu sorriso e sua meiguice consolavam aquele pobre velho, que via em seus olhos a alma de sua amada Lucya. E até o seu último suspiro, Clara não saiu do seu lado. E quando chegou o seu momento de partir, segurando sua mão, olhando bem nos seus olhos, falou com carinho:

— Estou cumprindo o que prometi, não está sozinho, estou ao seu lado.

— Eu sei, sempre soube, e nada mais importa para mim, pois sei onde a encontrar.

Os tambores soaram, as águas rolavam, os negros choravam, e mãe Oxum levava o seu filho e de Oxalá para as profundezas das águas cristalinas do seu lar.

FIM